영어는 대체
왜?
그런가요

일러두기

1. 도서명은 『 』로, 영화나 음악 등 작품명은 〈 〉로 표기했습니다.
2. 외국의 인명과 지명은 국립국어원 어문 규정의 외래어 표기법에 따라 표기했습니다.
   다만 일부 용어는 저자의 의도를 반영해 예외를 두었습니다.

영어는 대체 왜? 그런가요

채서영 지음

원리를 아는 사람이
영어를 잘하는 이유

Why on earth is English like that?

"당신의 질문에 공감합니다."

제주도에 갔을 때였어요. 제가 영어를 가르친다는 걸 알게 된 식당 주인께서 "빈 접시를 치워도 될까요?"라는 질문을 영어로 어떻게 하느냐고 물으시더군요. 먼저 "Are you done?(다 드셨나요)" 하고 묻고 "May I remove the plates?(접시를 치워드릴까요?)"라고 하면 되겠다고 말씀드렸더니 환하게 웃으셨습니다. 얼마 전에 만난 저의 지인은 주말마다 외국인학교에서 체조를 가르치는데, 저를 보자마자 "학생 때 영어 공부 좀 열심히 할 걸 그랬어요"라고 하소연을 하더군요. 아이들이 눈부시게 발전하는 모습을 부모님들께 생생하게 전하고 싶은데 마음처럼 되지 않는다면서요. 자동차 디자이너로 일하는 또 다른 지인은 거래처와 화상회의를 할 때마다 긴장하게 된다면서, 비즈니스의 범위가 전 세계로 확장되는 요즘 영어의 필요성을 더욱 실감한다고 털어놓았습니다.

영어는 이렇게 피할 수 없는 현실로 우리 곁에 있습니다. 어린 학생들조차 '수포대포, 영포인포(수학을 포기하는 것은 대학을 포기하는 것이지만, 영어를 포기하는 것은 인생을 포기하는 것과 같다)'라는 말을 한다죠? 학교를 졸업하고도 영어와 이별할 수 없는 이유는 분명합니다. 세상의 경계가 점점 허물어지고 있으며 다양한 외국인들을 만나 의사소통을 하기 위해 우리가 가장 먼저 시도하는 언어는 영어일 가능성이 크기 때문입니다.

하지만 영어는 여전히 우리에게 부담스러운 존재입니다. 학교는 물론, 사회생활에서도 영어 점수가 가장 중요한 척도처럼 여겨질 때가 많았기 때문이지요. 시험 영어에만 익숙해진 탓에 생활 속 영어에 대한 두려움과 열등감이 엄청납니다. 가령 "근의 공식이 뭐지?" 혹은 "프리즘의 원리에 대해 알아?"라는 질문에 답을 못한다고 해서 창피해하는 사람은 없을 거예요. 하지만 영어를 써야 하거나, 외국인이 길을 물을 때면, 영어를 꽤 잘하는 사람들조차 "나 영어 못해!"라고 손사래를 치며 숨습니다. 영어를 하려면 발음도 좋아야 하고, 어휘도 풍부해야 하고, 문법도 틀려서는 안 된다는 강박관념이 크기 때문인 것 같습니다. 그러나 이런 생각은 울렁증을 일으켜 우리를 더 얼어붙게 만들 뿐이지요.

대학 영문과에서 언어의 기본 원리를 가르치는 저로서는, 이런 이야기를 들으면 참 속상합니다. 어렸을 때부터 영어를 배우지 않았어도, 발음이나 문법이 완벽하지 못해도, 누구나 자연스럽게 영어를 사용할 수 있어야 한다고 저는 생각합니다. 혹시 인도나 필리핀 사람들의 영어를 들어보셨나요? 이탈리아나 베트남처럼 영어를 모국어나 공용어로 사용하지 않는 나라 사람들의 영어는요? 이들에게도 영어는 외국어입니다. 하지만 그들은 좀 서툴더라도 소통 자체에 집중하죠. 한국에 방문한 외국인이 더듬거리며 한국어로 말하려 할 때 저는 그 모습이 참 좋아 보이더군요. 비록 유창하지 않아도 진심으로 상대와 소통하려는 모습에 박수를 보내고 싶어지고요. 언어 사용에서 가장 중요한 것은 완벽함이 아니라 원활한 소통 능력과 그러기 위한 적극성이 아닐까요?

사실 한국인이 영어를 유창하게 구사하지 못하는 것은 당연합니다. 우리에게는 영어가 모국어도 아니고, 영어를 공용어로 사용하지도 않으니까요. 국가 공식 언어 중 하나라서 종종 영어 쓸 일이 생기는 말레이시아나 인도 사람들과도 상황이 다르죠. 언어라는 것은 일상생활 속에서 자연스럽게 시행착오를 겪으며 익혀야 하는데, 우리는 이렇게 영어를 익힐 환경이 아닌 겁니다. 그러니 영어를 잘 하지 못하는 건 부끄러워할 일이 아닙니다.

많은 사람이 제게 묻습니다. 영어가 왜 이리 어려운 것이냐고요. 그리고 쉽게 배울 방법은 없느냐고요. 저 역시 명확한 답은 없지만, '시험을 잘 보기 위해서'가 아니라 '영어 사용자들과 소통하기 위해서'라면 영어와 사귀기가 좀 쉬워지지 않을까 싶습니다. 영어를 받아들이는 사람이 영어를 어떻게 바라보는지, 그리고 정답이 무엇이고 표준이 무엇인지를 따지기보다는 원리를 이해하려는 마음이 중요하지요. 영어를 하는데 무슨 원리인가 하겠지만, 이 책을 읽다보면 곧 이해가 되실 겁니다.

솔직히 말해 저는 학창 시절에 영어 과목을 그리 좋아하지 않았습니다. 다만 궁금증은 많았던 것 같아요. 선생님께 "aren't, isn't를 다 쓰면서 왜 ain't는 쓰면 안 되나요?" 하고 묻고 "university는 3음절에 액센트가 있어. 외워둬!"라는 말씀에는 '액센트가 어떻게 다르다는 거지?' 하고 고개를 갸웃거린 다소 엉뚱한 학생이었죠. 수학이나 과학처럼 영어에도 원리가 있을 법한데, 그런 얘기를 안 해주니 답답했었나 봅니다. 이후 언어학을 공부하고 영문과에서 가르치면서, 암기보다 이해에 중점을 두는 것이 영어 공부에도 도움이 된다는 사실을 깨달았습니다. 학창 시절에 품었던 의문들이 무의미하진 않았던 거죠. 세상의 많은 일들이 그렇듯이 원리를 먼저 짚어본다면 영어에 대한 흥미를 잃지 않고 배움에서도 시행착오를 줄일 수 있습니다. 나아가 '영어라는 언어 그 자체'를 바라볼 수 있다면 영어에 대한 우리의 고민을 조금은 덜 수 있지 않을까 싶습니다.

제 전공은 언어학 중에서도 사회언어학입니다. 언어 사용을 사회적 행위의 하나로 보고 다양한 요인들이 언어에 미치는 영향을 연구하는 분야예요. 언어는 인간의 삶 속에서 만들어지고 다듬어진 것이므로, 어느 언어든지 잘하려면 그 언어를 사용하는 사람들의 사회와 문화를 이해하려는 태도를 가져야 합니다. 그렇게 애정 어린 마음에는 어떤 언어든 흥미의 대상으로 다가옵니다. 넓은 시야를 갖추면 영어가 금세 늘지는 않아도 좋은 점이 있습니다. 영어에 대한 답답한 마음과 의문점들이 적잖이 해소된다는 것이지요. 영어도 하나의 언어일 뿐이라는 관점에서 보면, 영어에 대한 막연한 두려움도 덜어낼 수 있습니다. 이런 생각과 고민이 이 책을 쓰는 출발점이 되었습니다.

제가 강의하는 '언어학 개론'은 영문학과의 필수과목으로 1, 2학년생 수강이 원칙이지만 학생들이 보통 3, 4학년까지 미루어 두곤 합니다. 재미없고 어려운 내용 때문이지요. 그래서 저는 되도록 수업을 즐거운 시간으로 만들어 학생들이 언어학에 쉽게 다가가도록 노력했어요. 그 이력이 쌓여가던 어느 날, 평소의 제 생각과 강의 내용을 담아 책을 펴내도 좋지 않을까 하는 생각이 들었습니다. 마음을 다잡았지만 막상 글을 쓰려니 보통 어려운 일이 아니더군요. 학생들과 졸업생들의 이야기를 더 귀 기울여 듣고 주변 여러 선생님들에게 도움을 청하면서 책을 쓰고 나니, 더 공부가 된 것 같아 작은 보람을 느낍니다.

이 책은 크게 5개 영역으로 나눈 25개의 장들로 구성되어 있습니다. 순서대로 읽으셔도 되지만, 필요한 부분만 찾아보셔도 괜찮습니다. 읽다 보면 곧 아시겠지만, 이 책에는 세 가지 특징이 있습니다.

첫째, 전통적인 학교 문법이 아닌 현대 언어학의 시각에서 영어를 이야기합니다. 아무래도 저의 언어학적 배경 때문이겠죠. 가끔은 좀 어렵게 느껴지거나, 뻔한 얘기를 왜 굳이 돌려서 말하나 싶은 대목도 있을 겁니다. 앞서 말씀드린 것처럼 근본적인 언어의 작동 원리를 알아야 영어를 잘 이해할 수 있다고 믿어주셨으면 합니다.

둘째, 영어와 한국어의 어떤 점이 비슷하고 다른지, 그 공통점과 차이점에 대해 이야기합니다. 아울러 영어 특유의 역사와 사회적 양상을 살펴봄으로써 영어를 더 잘 이해할 방법을 찾습니다. 영어를 여러 각도에서 바라볼 수 있도록 다양한 이야기를 들려드리는 것이 좋다고 여겼기 때문입니다.

셋째, 모국어와 외국어 습득의 원리에 대해 알아보고, 효과적인 학습 방법에 대해서도 이야기합니다. 오해를 불러일으키기 쉬운 작은 차이들에 대해 알면 영어를 자신 있게 사용하는 데 큰 힘이 되거든요. 그래서 사소해 보이지만 잘 듣고 말하기 위해 알아두면 좋을 원리들을 중심으로 내용을 구성했습니다.

이 책은 학습을 위한 책은 아닙니다. 그러나 이러한 특징을 이해하고 활용한다면 여러분이 어떤 이유에서든 영어와 더 친해지고 싶을 때 효과적으로 활용하실 수 있을 겁니다. 독자 여러분께서 "영어는 대체 왜 그런가요?"라는 질문에 답을 찾아가면서 영어에 대한 이해를 넓히고, '지피지기면 백전백승'의 마음으로 영어에 자신감을 갖는 계기가 되면 좋겠습니다. 아무쪼록 즐겁고 유익한 시간을 누리시기 바랍니다. 고맙습니다!

2021년 3월

TABLE OF CONTENTS

Part

1

교실 밖으로 나온
영어

01

말할 수 있다는 축복

여러분 〈정글북〉을 아시나요? 혹시 〈타잔〉은요? 어렸을 때 저를 TV 앞에 불러 앉힌 외화들로, 야생의 세계에서 짐승과 함께 자란 아이들이 주인공이죠. 〈정글북〉은 인도의 정글에서 늑대가 키운 아이 모글리의 모험담이고, 〈타잔〉은 난파를 당해 아프리카 밀림에 홀로 남은 아기 타잔을 침팬지가 키워낸 이야기인데, 그들이 나중에 문명을 접하고 정체성의 혼란을 겪으며 성장하는 내용입니다.

어린 제 마음에는 비현실적인 세계에서 펼쳐지는 그들의 남다른 모험이 마냥 부럽기만 했었죠. 그런데 언어학을 공부하면서 실제로 이와 비슷한 사례가 많이 보고되었다는 것을 알게 되었습니다. 1798년 프랑스의 숲속에서 발견된 소년 빅토르, 1920년 인도의 동굴에서 발견된 늑대들이 키운 아말라와 카말라 자매, 그리고 1970년에 미국 로스앤젤레스 도심에서 친부모에 의해 방치되었다가 14세에야 구조된 소녀 지니 등 여러 종류의 사례들이 있고 관련된 사연들도 다양합니다.

이렇게 부모가 방치하거나 동물과 함께 자란 아이들에게 나타나는 현상에 사람들은 '모글리 신드롬'이라는 이름을 붙였는데, 지금까지 전 세계에서 이와 관련된 아이들이 80명쯤 된다고 합니다. 인간사회로부터 고립되어 자란 아이들의 공통점이 무엇인지 아세요? 끝내 제대로 된 언어를 사용하지 못했다는 겁니다. 특히 지니의 경우 언어학자들이 함께 교육에 참여해 많은 수의 단어를 사용할 수 있게 되고 의사소통도 웬만큼 가능해졌지만, 자연스러운 문장을 만들어내는 진정한 언어능력은 갖추지 못했습니다.

이야기 속 주인공들과는 달리 실제로 어린 시절 인간 사회로부터 고립되었던 아이들의 언어능력이 발달하지 못한 이유는 바로 언어 발달에 가장 중요한 시기에 충분한 언어 자료가 그들에게 입력되지 못했기 때문입니다. 배움에는 때가 있다는 말처럼, 언어를 자신의 것으로 만들 수 있는 인생의 특정한 시기가 분명 존재하는 것입니다.

유전자에 새겨진 언어능력

언어는 인간다움의 근간이라 해도 과언이 아닙니다. 이를 통해 우리는 감정을 표현하고 생각을 구현합니다. 특히 의사소통을 하고 협업을 하는 데 필수적인 도구죠. 언어를 사용할 수 있다는 것은 인간이 사회를 이루고 문화를 만들어, 다른 동물들과 달리 높은 문명을 이룩하게 해준 특별한 능력임에 틀림이 없습니다.

언어의 기본적이고 자연스러운 모습은 '말'입니다. '글'은 사실 나중에 말에 따라오는 요소입니다. 문자 없는 언어도 많거든요. 우리는 숨 쉴 때 폐에서 나와 성대를 거쳐 입과 코로 나오는 날숨을 가다듬어서 말소리를 만듭니다. 이러한 말소리에 의미를 결합해서 단어나 접사와 같은 작은 단위들을 만들고, 이들을 일정한 법칙에 따라 연결해서 무한하게 많은 문장을 만들어내지요.

사람은 처음 태어났을 때는 말을 전혀 하지 못합니다. 영어로 '유아'라는 뜻의 단어 infant도 라틴어 infans가 어원인데, 'in'(못하다)과 'fans'(말하다)가 결합되어 '말을 못하는 사람'이라는 뜻이라고 합니다. 조용히 잠만 자던 아기가 옹알이를 시작하면 비로소 사람이 된 것 같지요. 우리가 살아가면서 말로 옮기기 어려운 것들도 많지만, 말로 표현하면 비로소 생각이 분명해지기도 합니다. 이런 경험, 다들 한 번쯤 있지 않나요? 사람으로 태어나 말을 한다는 것은 생각보다 훨씬 신비롭고 차원 높은 능력입니다.

언어를 사용하는 인간의 능력을 언어능력linguistic competence이라고 부르는데, 언어학자들은 모든 사람이 모국어를 자연스럽게 사용하는 언어 능력을 '직관적이다' 혹은 그 언어에 대한 '직관이 있다'라고 표현합니다. 그래서 직관적인 면을 강조하는 의미로 언어직관linguistic intuition이라고도 하지요.

가령 영어 모국어 화자라면 brick, blick, *bnick이 주어졌을 때, brick만이 실제 단어actual word이고 blick는 지금 비록 영어에 없지만 충분히 있을 수 있는 단어possible word인데 반하여, *bnick는 불가능한 단어 impossible word임을 직관적으로 분간해낼 수 있다는 겁니다. 이는 소리의 배열에 대한 지식이 모국어 화자에게 내재되어 있기 때문입니다.◆

그럼, '직관'이란 무엇일까요? 사전을 보면 '감각, 경험, 연상, 판단,

◆ 문법성을 판단하는 표식 *은 문법에 어긋난 경우를 뜻합니다. 철자가 틀린 단어, 영어에 있을 수 없는 단어, 비문 앞에 사용합니다. 반면 ?는 문법적으로 옳다고 판단하기 애매한 경우에, #는 문법적으로 결함이 없지만 의미상으로 어색한 경우에 사용합니다.

추리 따위의 사유 작용을 거치지 아니하고 대상을 직접적으로 파악하는 작용'이라고 풀이되어 있네요. 간단하게 말하면 '보는 순간 본질을 꿰뚫는 능력'이라고 할까요. 그렇다면 언어직관은 모국어로 이야기할 때 문법과 규칙을 따져서 말이 되는지 안 되는지를 판단하는 긴 과정을 따로 거치지 않아도, 무슨 말인지 바로 알아듣는 능력을 의미한다고 설명할 수 있겠습니다.

말소리의 미세한 차이, 소리의 결합 방식, 단어의 의미나 문장을 만드는 규칙, 상대와 상황에 따라 알맞게 의미를 주고받는 방식 등, 언어학자들은 이 모두를 넓은 의미의 '문법'이라고 부릅니다. 우리가 어떤 언어를 익히려고 할 때 이런 '포괄적인 문법'을 깨우치는 것이 매우 중요하죠. 그런데 이런 직관적인 언어능력은 본래 공부해서 얻어지는 능력이 아닙니다.

우리가 모국어인 한국어를 익힌 과정을 떠올려보세요. 어떻게 말을 배웠는지 기억조차 나지 않지만 다들 유창하게 잘하잖아요? 어려서부터 자연스럽게 말소리와 단어를 익히고 문장을 만드는 규칙을 파악하는 과정을 '습득acquisition'이라고 합니다. 반면 암기나 반복을 통해 의식적으로 규칙을 배우는 것을 '학습learning'이라고 일컫죠. 습득과 학습이 일상생활 속에서 서로 상승작용을 일으키면 언어를 유창하게 구사할 수 있게 됩니다.

누구에게나 '결정적 시기'가 있다

노엄 촘스키는 인류가 진화 과정을 거치면서 갖추게 된 언어능력에 주목한 언어학자입니다. 그는 사람들이 누구나 언어습득장치Language Acquisition Device(LAD)를 타고난다고 보았죠. 인종, 성별, 지위와 상관없이 따로 가르치거나 의도적으로 찾아 배우지 않더라도 누구나 자신이 태어나고 자라는 환경의 모국어를 빠르게 습득해 저절로 알게 되니까요.

예를 들어 사모아의 한 종족은 아이들의 언어 발달에 거의 신경 쓰지 않는다고 합니다. 언어학자이면서 아동 청소년 소설가로도 알려진 도나 조 나폴리에 따르면 이 종족은 어린아이들을 대화상대로 여기지 않아서 가르치려고 노력하기는커녕 말도 잘 걸지 않는데, 아이들은 어른들의 말을 듣고 따라 하다가 결국 잘하게 된다고 합니다. 이렇듯 언어능력은 직립보행을 하는 것처럼 인간의 DNA에 새겨져 있다는 것입니다. 사람이라면 누구나 언어습득장치 혹은 보편문법Universal Grammar(UG)을 타고난다고 해요. 하지만 안타깝게도 이 능력은 성인이 되고 난 후에는 제대로 발현되지 않습니다.

이러한 직관적인 언어능력은 어릴 때 활발하게 발달합니다. 그래서 어린이들은 모국어뿐만 아니라 외국어도 어른들보다 월등히 잘 배우죠. 굳이 언어학자들의 말을 들어보지 않아도 우리는 어린아이들이 하나같이 언어 천재임을 알고 있습니다. 왜 그럴까요?

촘스키와 같은 학자들의 말을 종합하면 언어습득장치의 작동 원리는 이렇습니다. 사람은 머릿속에 컴퓨터 회로 같은 언어능력 장치를 갖고 태어납니다. 거기에는 모든 언어의 공통적인 문법 구조, 보편문법이 내재되어 있습니다. 그 회로는 어떤 환경에 노출되는지, 즉 어떤 언어 자료가 들어오느냐에 따라 조금씩 다르게 연결되면서 활성화되다가 구체적인 하나의 언어로 꿰어지면, 어느 순간 전구처럼 "짠!" 하고 불이 들어오게 된다는 겁니다. 보편문법은 구체적인 언어 자료에 의해 특정한 언어의 문법으로 형태가 구체화되어 머릿속에 자리를 잡는다는 것이죠.

이 과정은 특히 어린 시절에 활발하게 일어납니다. 아기가 몸을 뒤집고 일어서고 걷기까지 신체가 훌쩍 자라는 시기가 있듯이, 두뇌와 청각과 발성을 총가동하는 언어 발달도 특정한 시기에 강력하게 이루어지는 것이죠. 이를 '결정적 시기critical period'라고 부르며 개인 차이가 있긴 하지만 2세부터 12~14세 사춘기 무렵까지를 가리킵니다. 바로 아말라와 카말라 그리고 지니가 놓쳐버린 시간들입니다.

이런 맥락에서 보면, 한국에서 어린 시절을 보내고 다 자라버린 성인이 지금 영어를 잘하지 못하는 것은 너무나도 당연합니다. 영어라는 언어 자료가 아닌 한국어 자료만 자연스럽게 입력되는 상황에서 살았으니까요. 어떤 사람은 영어가 모국어인 나라에서 태어나 거저 생긴 능력인 것 같은데, 나에게는 어려우니까 불공평하다는 생각도 듭니다. 하지만 영어 잘하려고 어린 시절을 영어 사용권에 가서 살거나 우리가 사는 곳을 영어 사용권으로 만드는 게 해결책일까요? 전자의 경우엔 한국어를 습득할 기회를 잃게 될 것이고, 후자의 경우엔 한국어가 소멸하는 길로 접어들 텐데요.

그럼 외국어도 거의 모국어만큼 유창하게 배울 수 있었던 어린 시절이라는 대박 찬스를 놓친 사람들은 영어를 어떻게 익혀야 할까요? 과연 성인들도 영어를 어느 정도라도 직관적으로 사용할 수 있을까요? 혹시 이번 생에 우리의 영어는 망한 걸까요?

개인차가 있겠지만, 충분히 잘할 수 있다는 게 제 생각입니다. '나만의 이유가 있는 영어'를 향한 의지와 효과적인 습득 방법을 찾는다면 가능합니다. 이미 하나의 언어를 습득한 우리의 지적 경험이 외국어 습득에서 중요한 역할을 해줄 것이기 때문입니다.

'말을 할 수 있다'는 것의 의미

수학, 과학, 음악, 미술은 잘하는 사람과 함께 오래 지낸다고 저절로 잘하게 되지는 않지요? 하지만 언어는 세상 모든 어린이들이 그 말을 사용하는 사람들과 함께 어울리기만 해도 저절로 잘할 수 있습니다. 특별히 말을 배우기 어려운 장애 요소만 없다면 말이죠. 그 공평함이 위안이 되지 않나요? 어떤 언어가 되었든 우리가 '그 언어를 할 수 있다'는 것은 주변 여러 사람들 덕분인 셈입니다.

어린 시절, 여러분 곁에서 말을 걸어준 사람은 누구였나요? 자장가를 불러주거나 얼러주고 이런저런 이야기를 들려주었던 사람은요? 오늘은 한번쯤 그들을 떠올려 보세요. 그리고 '말을 할 수 있다', '그 언어를 사용할 수 있다'는 것의 의미를 헤아려 보세요. 언어에 관한 한 우리 모두는 깨닫지 못한 채로 누군가의 도움을 받은 것이 분명하거든요.

02

목표는 좋은
커뮤니케이터가 되는 것

우연히 한선태 선수의 인터뷰 기사를 신문에서 읽었습니다. 취미 정도로 야구를 하다가 프로 리그에 데뷔한 선수라고 하더군요. 우리나라에서 학생 혹은 아마추어 선수 출신이 아니면서 프로에 입단한 최초의 케이스라고 합니다. 그가 말한 성공 비결이 꽤 인상적이었는데요, 어른이 되고 나서 야구를 배운 덕분이라고 생각하더군요. 머리로 먼저 이해하고 몸을 훈련할 수 있어서 더 체계적으로 빨리 성장할 수 있었다고 말이죠. 게다가 어려서 배우면 몸으로 사인스럽게 제득은 하지만 싫증을 느끼고 매너리즘에 빠지기 쉬운데, 자신은 야구를 너무나 좋아서 하니까 동료들이 감탄할 만큼 신나게 선수 생활을 한다고 덧붙였습니다.

저는 그 인터뷰 기사를 읽으면서 성인이 영어를 익히는 일도 이와 비슷하다는 생각을 했습니다. 영어를 습득할 '결정적 시기'를 놓친 사람들의 희망이 여기에 있지 않을까 싶어요.

습득인가 학습인가

어른이 되어서도 외국어인 영어를 자연스런 '습득' 방식으로 익히는 일이 가능할까요? 문법이나 어휘를 공략하는 의식적인 '학습'은 과연 얼마나 효과가 있을까요?

언어교육학자 스티븐 크래션은 외국어를 배울 때 어린아이가 모국어를 습득하듯 익히는 것이 최선이라고 주장했습니다. 선택적 학습은

영어는 대체 왜 그런가요

습득으로 연결되지 않으므로 우선 절대적인 자료 입력이 중요하다고 강조했죠. 즉 어른이든 아이든 생활 속에서 일단 무작위로 많이 듣고 읽는 과정이 무조건 필요하다는 겁니다. 이러한 '입력 가설Input Hypothesis' 혹은 '자연적 접근법Natural Approach'은 1980년대 언어교육 분야에 등장한 당시 외국어 학습의 새로운 접근법으로 크게 주목받았습니다.

얼핏 그럴듯합니다. 외국어에 자연스럽게 많이 노출되는 것이 좋다는 말에 이의가 있을 수는 없으니까요. 하지만 사전을 찾을 필요도 문법을 외울 필요도 없다는 크래션의 주장은 적지 않은 비판도 받았습니다. 학습과 습득을 분리해 굳이 습득만을 고집하는 완고함이나 비현실성 때문이죠. 그 방법으로 효과를 거두려면 일정 기간 하루 24시간 외국어에 둘러싸여 살아야 할 텐데, 그건 쉽지 않은 일이니까요.

최근에는 학습도 습득 못지않게 중요하다는 의견이 힘을 얻고 있습니다. 외국어의 경우 습득과 학습을 구분하기 애매하니까, 학습을 '명시적 학습explicit learning'과 '암묵적 학습implicit learning'으로 구분하자는 제안도 같은 맥락입니다. 이때 명시적 학습이 암기와 같은 노력을 의미하고, 암묵적 학습이 습득에 가까운 개념인 셈입니다.

언어학자 로버트 드카이저는 이러한 학습을 반복하면 습득과 같은 효과를 볼 수 있으며, 오히려 학습하지 않으면 오류가 굳어지고 습득이 늦어진다고 주장합니다. 즉 성인이 되어 외국어를 배울 땐 무작정 습득 환경에 기대기보다 논리적 학습을 병행하면, 보다 짧은 시간에 효율적으로 외국어를 모국어 수준만큼 잘할 수도 있다는 겁니다.

단지 발음만은 결정적 시기 이전에 배운 것만큼 잘하기 어렵다는 것이 일반적인 주장입니다만, 이것 역시 여러 요인에 따른 개인차가 큽니다. 흥미롭게도 말소리의 미세한 차이를 감지할 수 있는 시기가 1년 미만의 갓난아이일 때부터이고 6세 무렵부터 현격하게 그 능력이 떨어지기 시작한다는 연구가 많습니다. 그 시기가 지나면 모국어가 주요 언어로 두뇌에 자리 잡기 때문에 새로운 언어의 소리를 구별하고 받아들이기가 힘들다고 하지요.

하지만 원어민만큼 완벽한 발음과 억양을 갖기가 어려울 뿐이지, 유창한 발음을 자랑하는 사람도 얼마든지 있으니 결코 좌절할 필요는 없습니다. 그런데 사실 외국에 스파이로 파견되는 것이 목적이 아니라면, 발음이 완벽하지 않은 것이 그리 큰 문제일까 싶네요.

유창함인가 정확함인가

전자 장비 회사의 해외 영업을 맡고 있는 K는 최근에 외국인 부하 직원이 생기고 해외에서 대학을 나온 신입 사원들이 많아져서 부쩍 영어에 신경이 쓰인다고 합니다. 하지만 주변에서는 아무도 그의 영어 실력을 의심하지 않아요. 중요한 회의에서 한 치의 망설임 없이 특유의 감각을 발휘해 협상을 성공으로 이끌곤 하니까요.

한번은 외국인 직원이 어처구니없는 실수를 저지른 적이 있었대요.

영어는 대체 왜 그런가요

그런데 자기 책임이 아니라고 구구절절 한참을 영어로 변명하자 K가 딱 잘라며 이렇게 말했다죠.

I don't think so. That's why you are there!

나는 그렇게 생각 안 해요. 그래서 (그런 일을 책임지라고) 당신이 그 자리에 있는 것입니다!

"댓츠 와이 유 아 데어!" 살짝 된장 발음 섞인 이 문장은 한동안 그 사무실에서 대유행을 했다고 합니다. 세련된 발음은 아니어도 적절한 타이밍에 적절하게 의사를 전달한 사이다 영어 실력에 대한 존경심에서 가 아니었을까요?

외국어를 배울 때 유창함이 중요한가, 정확함이 중요한가를 고민하는 과정을 거칩니다. 엉터리라도 거침없이 말하는 것이 나은가 아니면 더듬더라도 정확하게 말하는 것이 나은가 하는 고민이죠. 답은 간단합니다. 둘 다 놓치지 말아야 합니다. 너무 뻔한 답이라고요?

굳이 고르라면 저는 유창함 쪽에 손을 들어주고 싶어요. 유창함 자체가 중요하다기보다, 한두 마디라도 매끄럽게 말하고 나면 자신감이 생기기 때문입니다. 치명적인 실수를 하지 않는 한 부족한 부분은 보충하면 되니까요. 그래서 틀리더라도 일단 자신 있게 말하는 것이 잠자코 있는 것보다 백번 낫습니다.

이때 유창함은 꼭 '원어민의 발음으로 매끄럽게 빨리 말하기'를 의미하는 것이 아닙니다. 몇 년 전 EBS(교육방송공사)에서 실험을 한 적이 있었습니다. 반기문 전 유엔 사무총장의 연설을 목소리만 들려주고 한국인과 외국인의 반응을 비교했지요. 이 실험에서 한국인들은 그의 영어 실력에 대해서 40~60점 정도를 주며 낮게 평가한 반면, 외국인들은 90점 이상으로 높게 평가했습니다. 문장 구조도 좋고 수준 높은 단어를 사용했고 내용도 분명히 잘 전달했다고요.

이처럼 외국인들은 우리 생각만큼 영어 발음을 중요하게 생각하지는 않습니다. 요즘 주변에서 인도식이나 중국식 영어 발음을 무시하는 사람들을 보기도 하는데요. 이는 영어를 세계어로 사용하는 시대에 걸맞지 않는 편협한 태도입니다. 중요한 것은 영어 자체가 아니라 영어로 전달하는 메시지이고, 그것으로 서로가 소통한다는 사실입니다. 우리의 목표는 원어민처럼 되는 것이 아니라 좋은 커뮤니케이터가 되는 것이니까요.

적극성과 자신감이 답이다

한국인은 전 세계 어느 외국인보다도 학교에서 영어를 배우는 데 많은 시간을 할애하고 있습니다. 만반의 준비를 갖춘 커뮤니케이터인 셈이죠. 급한 상황에서 재치를 발휘한 일화도 많습니다.

미국에서 한국인이 운전 중에 (도로를 건너는) 사슴을 차로 치었는데, 단어가 떠오르질 않자 "I just hit a Rudolf on the road"(나는 지금 막 루

돌프를 치었다)라고 말했다고 하죠. 어느 건설 현장 관리자는 인도네시아 노동자들에게 "따박따박 ten minutes, OK?"라는 말로 '걸어서 십 분 거리'를 완벽하게 설명했다고 해요. 영화 〈택시운전사〉의 주인공도 독일인 기자의 "No 광주, no money!"라는 말을 쉽게 알아들으며 서로 소통을 잘 했지요.

영어를 완벽하게 구사하지 못한다고 해서 전혀 창피해할 필요가 없습니다. 주어 하나와 동사 하나만이라도 단순한 문장을 만들어 상대방과 짤막한 대화를 주고받아 보세요. 어색하게 원어민 발음을 흉내 내지 않아도 대부분 곧잘 알아듣습니다. 그러니 더 과감하게 시도해도 됩니다.

우리에겐 꿈이 있습니다. 적어도 너무 멋쩍은 바디랭귀지는 넘어서는 꿈, 그리고 영어를 사용할 때마다 마치 시험에 드는 것만 같은 느낌에서 자유로워지는 꿈이죠. 그렇게 하기로 결심하면 됩니다. 적극적인 태도로, 자신감을 갖고 말이죠. 이제부터 영어는 나를 시험하는 도구가 아니라 내가 마음껏 실험할 도구라고 생각합시다. 그럼 우리의 목표를 향해 한 발짝 더 나아가 볼까요?

03

언어의 원리를 찾아라!

When one tugs at a single thing in nature, he finds it attached to the rest of the world.

한 가지를 잘 이해하는 사람은 그것이 세상의 나머지 것과 연결되어 있음을 안다.

미국의 자연주의자 존 뮤어가 한 말입니다. 언어도 마찬가지라고 저는 생각합니다. 한국어를 잘 배우고 익힌 사람일수록 영어도 잘 배우고 익힐 수 있으니까요. 앞에서 사람은 누구나 언어능력을 타고난다고 이야기했습니다. 그러한 능력은 이 세상 모든 언어와 모든 사람에게 보편적으로 해당됩니다. 인류가 지닌 근원적인 '언어의 보편성'에 대해서 많은 언어학자들이 연구하고 있습니다.

반면에 각각의 언어는 나라마다 독특하게 발전한 사회문화적 산물이기도 한 까닭에 여러 면에서 차이가 있습니다. 이 때문에 '언어의 개별성'이 존재하는 것이죠. 한국어와 영어를 보면 기원도 다르고 역사적으로도 공통점이 전혀 없는 데다가 언어 유형의 차이마저 상당히 큽니다. 우리가 영어를 잘하기 어려운 이유가 다 있었던 겁니다.

저는 어떤 언어를 배울 때, 언어의 보편성을 찾아내면서 동시에 그 언어의 개별성을 익히면 훨씬 더 효율적이라고 생각합니다. 언어의 원리를 파악하려는 분석적이고 통합적인 태도를 기반으로 하면 어떤 외국어든지 좀 더 쉽고 재미있게 배울 수 있습니다. 우선 한국어와 영어를 한번 비교해볼까요?

언어직관을 믿는다는 것

보통 외국어는 나중에 습득하기 때문에 먼저 습득한 모국어의 영향을 받을 수밖에 없습니다. 이것을 교육학에서는 '간섭' 혹은 '전이'라고 부릅니다. 예를 들어 영어가 서툰 한국어 화자가 "나는 약을 먹었다"를 "I ate some medicine"이라고 하거나 "그는 공부를 잘 한다"를 "He studies well"이라고 하는 경우죠. 이때 정확한 문장은 전자는 "I took some medicine" 후자는 "He gets good grades" 혹은 "He does well in school" 정도가 될 것입니다.

영어와 한국어 문장의 두드러진 차이는 무엇인가요? 흔히 말하는 대로 어순부터 다릅니다. 영어는 주어(S)+동사(V)+목적어(O) 순서인 SVO 언어이고 한국어는 주어+목적어+동사 순서인 SOV 언어이지요. 언어학에서는 둘 이상의 단어가 모여 문장의 일부를 이루는 단위를 구phrase라고 합니다. 이러한 구의 핵심이 되는 요소를 핵어head라 하고, 이를 중심으로 문장을 이루는 데 필요한 요소를 보충어complement라고 하죠. 동사구에서는 동사가 핵어, 동사의 의미를 완성해주는 목적어가 보충어가 됩니다. 즉 영어는 핵어인 동사를 먼저, 보충어인 목적어를 나중에 말하고, 한국어는 보충어를 먼저, 핵어를 나중에 말하는 겁니다. 이때 어순의 차이가 각 언어의 개별성이라면, 문장 안의 구조에서 핵어와 보충어가 존재한다는 점 자체는 보편성이라고 할 수 있습니다.

문장 속에서 단어를 배열하는 방식으로 언어를 분류한다면, 영어

영어는 대체 왜 그런가요

는 고립어isolating language에 가깝고 한국어는 교착어agglutinating language입니다. 고립어는 고정된 단위인 단어의 배열 순서가 중요합니다. 예를 들어, "John loves Mary"와 "Mary loves John"은 똑같은 세 단어로 만든 문장이지만 순서를 바꾸기만 하면 완전히 다른 뜻이 되지요. "Mary is smart"는 평서문이지만, 같은 단어로 순서를 다르게 하면 "Is Mary smart?"처럼 의문문이 되므로 뜻이 달라지지요. 교착어는 여러 접사들이 어근에 연결되어 각각의 의미를 첨가합니다(먹+었+다+고, 드+시+었+으며). 흥미롭게도 영어에는 본래 굴절어였던 흔적이 남아있고(I/me/my/mine, man/men, think/thought 등), 굴절어미들이지만 교착어처럼 보이는 특성도 있습니다(walk-ed, apple-s, cautious-ly, pre-caution 등).

두 언어는 말소리를 만들어내는 결합 방식도 크게 다릅니다. 예를 들어 한국어에서는 '아-버-지' 하고 한 음절 한 음절 일정한 간격으로 발음하지만, 영어는 음절마다 강세와 간격이 일정하지 않습니다. banana는 '바-나-나'하고 또박또박 발음되는 것이 아니라, '버내~너' 같은 느낌으로 발음하지요. 강세 있는 음절이 강하게 발음되면서 같은 a 모음이라도 약한 소리 '어'와 강세 있고 약간 긴 소리 '내~'로 조금 소리가 달라집니다.

그 밖에도 영어는 존대법이 거의 존재하지 않는 반면, 한국어는 상하관계를 구분하는 존대법이 발달했습니다. 영어는 복수 표현을 위해 three apples처럼 명사에 '-s'를 붙이는 규칙이 있지만, 한국에서는 '사과 세 개'를 굳이 '-들'을 붙여서 '사과들 세 개'라고 하지 않지요.

이렇듯 한국어와 영어에는 공통점도 있고 차이점도 있습니다. 하지만 한국어를 잘할 줄 아는 사람이라면 영어도 아울러 잘할 수 있는 언어능력 혹은 언어직관을 이미 갖추었다고 볼 수 있습니다. 언어를 익혀본 통합적인 지적 경험은 우리가 외국어를 배울 때 든든한 기초가 되어주기 때문입니다.

영어를 공부하는 성인이 언어직관을 일깨울 수 있는 기초적인 방법으로 세 가지를 들 수 있습니다. 우선 모국어를 익힐 때와 비슷하게 입력 자료가 풍성한 환경을 만드는 것입니다. 즉 충분히 들어야 합니다. 다음으로 자주 소리 내어 말하는 연습을 하는 것입니다. 마지막은 가능한 모든 기회를 살려 실제로 사용해보는 것입니다. 이미 알고 있었지만 실천이 어려울 뿐이라고요? 저는 특별히 언어의 원리를 염두에 두어야 한다는 점을 강조하고 싶습니다. 좀 더 자세히 이야기해볼게요.

듣기 연습하기

'어떤 언어의 말소리를 이해한다'는 것은 무슨 의미일까요? 첫째, 쉼 없이 이어지는 말소리를 잘라서 들을 수 있어야 합니다. 즉 철자가 아니라 소리를, 예를 들어 cat에는 [k][æ][t]라는 세 개의 소리가 있다는 것을 알아야 합니다. 둘째, 소리에 의미가 결합된 단어를 인지할 수 있어야 합니다. 즉 소리를 듣고 그것이 '고양이'라는 뜻임을 아는 거죠. 셋째, 문장에서 적어도 주어와 술어가 제대로 들려야 합니다. "The cat is cute"라는 문장의 첫 부분이 the인지 a인지 명확히 잘 들리지 않고 동사가 was인지 is인지는 분명치 않더라도, 주어인 cat과 'be동사+cute'라는 술어 부분은 들려야 하죠. 그래서 정확한 문장은 몰라도 '고양이가 귀엽다'는 뜻이라는 정도는 알아야 합니다.

듣기 연습에 가장 좋은 자료는 내용을 70퍼센트 이상 알아듣고 이해할 수 있는 수준이 적당합니다. 따라서 라디오 쇼, 예능 프로그램, 뉴스 등을 알아듣지도 못하는데 무작정 틀어놓고 듣는 것만으로는 큰 효과가 없습니다. 계속 연습해 들어왔던 자료가 이젠 너무 잘 들린다 싶을 때 조금씩 수준을 높이면 됩니다.

초보자라면 스마트폰 어플 '리스너Listener'를 추천합니다. 어플에서 텍스트도 제공하지만 아직은 눈길도 주지 마세요. 많이 듣는 것이 우선입니다. 여러 오디오북audio books도 적절한 자료입니다. 정말 초보자라면 어린이 동화나 동요부터 시작해도 좋습니다. 수준이 높아지면 '테드 토크TED Talks' 같은 강연을 들어보세요. 폭넓은 주제와 다양한 난이도의 강연들이 많아 흥미롭고 유익하죠. 테드 토크를 이용해서 영어 학습을 하도록 반복 기능을 담은 어플 '테드 미TED ME'도 활용해보세요.

중요한 원칙은 듣는 자료에만 집중해야 한다는 점입니다. 자막을 읽으려는 유혹은 떨치고 지겹다 싶을 정도로 반복해 들어야 합니다. 영어의 리듬에 익숙해지고 영어 말소리의 특성이 이해되기 시작했다면 첫 단계는 성공입니다.

말하기 연습하기

제 친구는 중학교 때 처음 영어를 배웠지만 간혹 외국에서 살았냐는 질문을 받곤 하는데, 어려서부터 팝송을 최대한 비슷하게 흉내 낸 경험이 큰 도움이 되었다고 합니다. 게다가 미국으로 유학을 떠난 이모가 '말하는 인형'을 사다준다고 약속을 해서, 그 인형과 자유롭게 대화하고 싶은 마음에 영어를 정말 열심히 연습했다고 해요. 그땐 활용할 영어 자료가 많지 않아서 팝송이 그나마 가장 접근하기 쉬운 수단이었습니다. 훗날 그 이모는 약속을 까맣게 잊은 채 강아지 인형을 사다 주었고, 제 친구는 말도 못하고 눈물만 훔친 아픈 추억으로 남았다지만, 그래도 그 덕분에 발음 괜찮다는 소리를 듣는다고 하더군요.

말하기는 다양한 근육 운동이 포함된, 생각보다 복잡한 과정입니다. 수영이나 자전거 타기를 익힐 때처럼 과정에 대한 근육의 기억을 만들어야 합니다. 가령 '아'와 '하'를 번갈아 발음 해보세요. 입가에 손을 대보면 공기가 나오는 것을 느낄 수 있죠. 목젖에 손가락을 대면 '아'에서는 성대가 울리지만 '하'의 ㅎ 발음에서는 목젖이 울리지 않는 걸 알 수 있습니다. 또 '이'와 '오'를 번갈아 발음해보면 입 모양과 혀의 위치가 바뀌는 것을 느낄 수 있죠.

성인들은 이미 모국어의 말소리를 만드는 움직임에 익숙해져 있기 때문에 영어 말소리를 만들려면 바짝 신경을 써야 합니다. 마치 축구선수가 농구선수로도 뛰려면 새로운 훈련이 필요한 것과 비슷하죠. 들리는 것을 최대한 비슷하게 흉내 낸다는 생각으로, 무조건 따라서 소리를 내보아야 합니다. "Fake it until you make it!"(될 때까지 그런 척하라!)이라는 말처럼요. 쑥스러우면 빈방이나 화장실에서 거울을 보며 연습해보세요.

영어 말하기를 잘하는 요령은 영어를 들으면서 중얼중얼 소리 내서 따라 하기를 습관화하는 것입니다. 듣기와 거의 동시에 따라 말하는 것을 '섀도잉shadowing'이라고 하는데, 이것을 자유롭게 할 수 있게 되면 두 번째 단계도 성공입니다. 중간 중간 자신의 말소리를 녹음해서 듣고 점검해보세요. 전문가에게 교정을 받으면 한층 더 도움이 됩니다.

언어 연습 상대 찾기

마지막인 세 번째는 영어를 적극적으로 사용하여 상호 소통하는 단계입니다. 대부분의 아기들은 부모의 엄청난 격려 속에 수많은 피드백을 받으면서 모국어를 익히잖아요? 외국어를 익히는 사람에게도 바로 이런 응원과 피드백이 필요합니다. 언어의 핵심 기능은 의사소통이고, 의사소통은 혼자서 할 수 없는 일이니까요.

이쯤에서 내가 영어를 배우고자 하는 이유가 무엇이었는지 다시 한 번 떠올려 보세요. 구체적인 목표가 있으면 영어 익히기가 쉽고 즐거워집니다. 그 목표를 바탕으로 당장에 시도해볼 수 있는 일들을 찾아내서 적극적으로 의사소통할 수 있는 상황을 만들어야 합니다.

조금 뻔한 이야기 같지만, 가장 효과적인 방법은 언어 연습 상대를 만나는 것입니다. 영어가 모국어인 사람이면 좋지만 아니어도 괜찮습니다. 실수를 좀 하더라도 지적하기보다는 귀 기울여 들어주는 사람이라면 충분합니다. 언어는 맞고 틀리고의 문제가 아니라 소통이 중요하다는 걸 직접 체험해보세요. 도서관에 앉아 열심히 단어만 외워서는 결코 얻을 수 없는 경험입니다.

원어민을 찾기 어렵다면 한국인끼리 영어로 이야기하는 것도 좋은 방법입니다. 실력 차이가 있으면 도움을 주는 사람과 받는 사람이 따로 있다고 느껴질 수도 있지만, 오히려 모두에게 유익할 수 있습니다. 적어도 네다섯 명의 그룹 형태가 좋고요. 사회자를 정한 뒤 주제를 정하고 미리 할 말을 준비해 와서 이야기를 진행하면 효과적입니다. 날씨나 영화, 음식 같은 가벼운 주제로 이야기를 시작해서 점차 깊이 있는 주제의 토론으로 옮겨가면 더 좋지요.

지금까지 간략하게나마 언어가 무엇인지, 모국어를 습득하는 것과 외국어를 학습한다는 것의 차이가 무엇인지 살펴보았습니다. 영어를 익힌다는 것의 큰 그림이 좀 그려지시나요? 성인이 외국어로 영어를 배우는 일은 모방이나 단순 암기를 넘어서는, 통합적인 언어직관을 개발하는 과정입니다. 수많은 단어와 개별 문법 사항을 외우는 공부만으로는 참다운 언어능력을 키우기 어렵습니다.

외국어를 배운다는 건 새로운 세계를 만나는 일이죠. 언어는 습득이라는 방식을 기초로 학습을 병행해야 가장 효과적으로 익힐 수 있다는 원리를 알면 겁낼 필요도 기죽을 이유도 없습니다. 이제부터는 영어의 언어직관을 일깨우기 위한 구체적인 세계로 들어서보겠습니다.

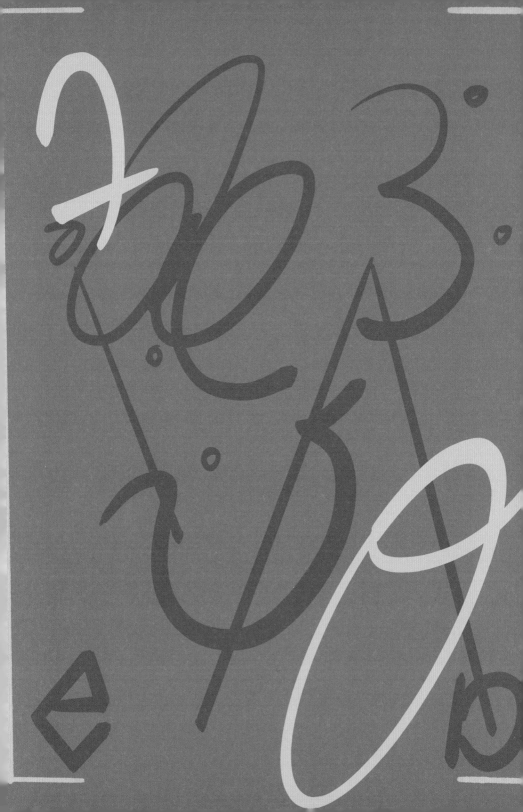

Part

2

소통의 열쇠는
소리에 있다

—

듣고 말하기

04

강세 혹은 스트레스,
알고 대처하기

제 친구가 호주 여행에서 겪은 일입니다. 쇼핑을 하는데 카메라를 사기가 쉽지 않았다는군요. 웬일인지 현지인들이 통 알아듣지 못하더래요. 모음을 좀 다르게 해보고 강조할 부분을 바꿔 다르게 발음을 해보았지만 소용이 없었다고 해요. 손동작으로 간신히 통하긴 했지만 어렵지도 않은 단어인데, 내가 이러려고 영어 공부를 했나 자괴감이 들었다고 하더군요. 이 단어는 '캐머러'[kǽmərə]라고 단어 첫머리에 강세를 두고 첫 번째 모음 'a'를 '애'[æ]로 발음해야 했는데, 당황한 탓인지 미처 깨닫지를 못한 거죠.

또 어떤 분은 미국에서 비행기를 갈아타고 캐나다 토론토로 가려다가 국제 미아가 될 뻔했다고 제게 털어놓은 적이 있습니다. 아무리 기다려도 안내 방송에 토론토Toronto는 들리지 않았고, 사람들한테 물어봐도 모르더랍니다. 그들이 '터라노'[təránɔ]에 가깝게 발음하기 때문이었죠.

영어 발음 때문에 기죽을 필요 없다고 말씀드렸지만, 남들이 못 알아듣는 영어라면 이처럼 난처한 지경에 빠질 수 있습니다. 영어는 특히 강세를 제대로 이해하지 못하면 도통 들리지도 않고, 뜻을 제대로 전달하기도 힘듭니다. 흔히 "인간은 들을 수 없는 소리는 발음할 수 없다"고 하지요. 지금부터 영어 듣기와 말하기의 원리에 대해 알아보겠습니다.

영어의 소리를 원음에 가깝게 한글로 표기하기란 참 어려운 일입니다. 이 책에서는 강세와 발음의 이해를 돕기 위해, 제 나름의 기준을 적용해 이런저런 방법을 시도해보았습니다. 우선 발음을 설명할 때 필요할 경우, 강세가 있는 음절은 영어 단어 철자를 대문자로 표기했습니다

(CAmera). 발음을 쉽게 이해할 수 있도록 최대한 가까운 한글로 옮겨 적기도 했는데, 이때는 밑줄이 강세 있는 부분입니다(캐머러). 다른 부호가 없더라도 해당 모음은 강할 뿐만 아니라 약간 길게 발음해야 합니다.

모음과 결합하지 않은 영어 자음 소리는 조금 어색하지만 한글 자음으로만 표기해보았습니다. 예를 들어 strike를 한글모음 '으'를 붙여 '스트라이크'로 읽으면 영어답지 않기 때문입니다. 말음인 자음 소리는 대표음(ㄱ, ㅂ, ㅅ 등)으로 앞의 모음에 연결해 석었지만(ㅅㅌ라ㅋ) 단어 끝의 'r' 소리를 나타내는 'ㄹ'만은 방언에 따른 차이가 크므로 모음에 연결하지 않은 채 작게 적어 두었습니다(car: 카ㄹ). 또한 한국어로 발음을 적을 때 이중모음과 이중모음에 가깝게 소리 나는 긴장모음의 발음에서 모음 다음에 오는 전이음 소리를 작게 적어 영어에는 중심모음이 있다는 점을 강조했습니다(spy: ㅅ빠ㅇㅣ). 각진 괄호 [ ] 안에 적은 것은 아시다시피 발음기호입니다. 사실 발음기호는 사전마다, 학자마다 제각각인데, 이 책에서는 국제음성기호(IPA)에 기초하고 저의 생각을 반영해서 표기했습니다. 특히 긴장모음의 표기가 생소할 수 있지만 그 이유는 본문 6장에서 충분히 설명하고 있습니다.

영어 발음이라는 장벽 뛰어넘기

한국어와 영어의 말소리는 참 다르죠? 서로 다른 장르의 노래, 잔잔

한 발라드와 하드락의 차이라고나 할까요. 제가 아는 교수님은 영어와 한국어의 소리 차이를 놀이기구에 비유하는데 그럴듯합니다. 한국어는 조용히 제자리를 도는 회전목마 같고, 영어는 심하게 오르락내리락하는 롤러코스터 같다고 말이죠. 이러한 두 언어의 두드러진 차이는 운율 구조가 달라서 생깁니다. 운율은 단어뿐 아니라 구와 문장까지 포함하는 개념으로 영어와 한국어는 기본적인 구성 방식부터 아주 다르죠.

한국어는 음절박자언어syllable-timed language, 영어는 강세박자언어stressed-timed language로 분류됩니다. 음절박자언어는 모든 '음절'을 비슷한 강도와 길이로 또박또박 발음합니다. 음절이란 모든 언어에서 소리의 흐름을 갈라 나누는 운율의 기본 단위입니다. 모음을 중심으로 하고 자음이 그 양쪽에 있는 구조죠. 그래서 한국어는 음절수가 많아지는 만큼 말하는 시간도 길어집니다.

반면에 영어는 음절의 구조가 한국어와 다르기도 하지만, 음절보다는 '강세'가 말소리를 지배합니다. 강세란 특정한 음절이 다른 소리에 비해 상대적으로 크고, 높고, 약간 길어지는 것을 뜻하는데, 호흡에 관여하는 근육을 강하게 수축해서 만듭니다. 강세박자언어란 강세들 사이의 간격을 일정하게 유지하며 발음을 하는 언어라는 의미입니다. 영어의 이러한 특징을 유지하기 위해서는 강세 음절 사이에 놓인 음절의 수가 늘어날수록 그들을 빨리 발음해야 됩니다. 즉 두 언어의 운율 구조에서 중요한 단위가 한국어는 음절이고 영어는 강세인 셈입니다. 발음기호에서 강세 있는 음절 앞에 ['] 기호를 넣거나 주강세가 있는 음절의 모음에

[´] 기호를 넣어서 강세를 표시합니다.

그럼 영어의 문장과 구, 단어의 강세를 차례로 알아볼까요. 영어 문장의 강세는 강하게 발음하는 단어와 약하게 발음하는 단어의 차이 때문에 생깁니다. 예를 들어 "I bought a book"이라는 문장에서 모든 단어가 단음절 단어이고 기본적으로 모두 강세가 있지만, 막상 말을 할 때는 의미의 중요성을 고려하여 "I(약) bought(강) a(약) book(강)"으로 강약을 구분하기 때문에 리듬 효과가 생깁니다. 그런 차이를 크게 구별하지 않는 한국어에 비해 오르락내리락하듯 들리는 것이죠.

일반적으로 영어는 명사, 동사, 형용사, 부사 등 의미를 전달하는 품사에 강세를 둡니다. 문장 안에서는 전달하려는 주요 내용을 담은 말이기 때문에 내용어content words라고 합니다. 이와 달리 대명사, 관사, 전치사, 조동사, 접속사 같은 품사는 약하게 발음합니다. 이들은 문법적 기능은 있지만, 내용을 전달하는 데 결정적인 요소는 아니기 때문에 기능어function words라고 하지요. 물론 어떤 경우에는 기능어를 강조해야 할 때도 있지만, 일반적으로 영어 문장의 롤러코스터 같은 리듬은 강세 있는 내용어와 강세 없는 기능어에 강세를 달리해서 말하기 때문에 생긴다고 볼 수 있습니다.

문장보다 작은 단위인 영어의 구절 그리고 합성어의 강세에는 확실한 규칙성이 있습니다. 예를 들어, 발음 자체는 똑같이 들리는 white house라도 구조상 합성어인 the White House(백악관)의 경우에는 앞의 단어에, 명사구인 a white house(하얀 집)라면 두 번째 단어에 강세가 있지요. 그래서 똑같이 발음될 것 같아도 '(행복의) 파랑새'라는 의미의 합성명사 a bluebird일 때와 '파란 새'라는 의미인 형용사와 명사로 이루어진 구 a blue bird일 때 강세에서 차이가 납니다. 즉 전자는 blue에, 후자는 bird에 강세가 있지요. 이제 개별 단어를 중심으로 강세에 대해 좀 더 자세히 살펴볼까요?

음절 구조의 비밀

우리는 '아버지'를 '아~버지', '아버~지', '아버지~' 하는 식으로 특정한 음절을 크고 높고 길게 발음하지는 않습니다. 기계어처럼 너무 똑같이 끊어서 발음하면 이상하겠지만 차이가 좀 생겨도 의미가 달라지거나 하지는 않죠. 하지만 영어는 다릅니다. 앞서 말한 camera의 예를 봅시다. 한국인들은 이 단어를 무의식적으로 'ca-me-ra' 하고 세 음절로 끊어서 거의 같은 높낮이, 세기, 길이로 발음하지요. 하지만 영어 화자는 자연스럽게 세 음절을 연결하면서 이 중 강세 있는 첫음절 하나만을 강조해서 발음합니다.

다른 단어들도 비교해볼까요? 하나의 모음을 중심으로 앞뒤에 자음을 붙여서 음절을 만들기 때문에, 한국어는 음절의 수와 글자의 수가 대체로 일치합니다. 아버지는 '아' '버' '지'로 글자도 세 개이고 음절도 세 개인 단어죠. 반면 영어 BOOK은 1음절, KNOWledge는 2음절,

LIbrary는 3음절, aMERica은 4음절, uniVERsity는 5음절인 단어입니다. 영어 음절을 나누는 방식이 한국어와 다르다는 건 한눈에 알겠는데, 음절 분리의 규칙성을 알아보기는 쉽지 않죠.

영어는 음절이 철자보다는 발음과 밀접한 관련이 있으므로 실제 소리를 알아야 음절수를 셀 수 있습니다. 단어를 한번 소리 내어 읽어 보세요. 이때 박수를 쳐보면 음절수를 가늠하기 쉽습니다. 음절의 중심인 모음을 확실히 발음힐 시간을 확보하기 위해 자연스럽게 한 음절에 한 번의 박수를 치게 됩니다. 단어 위 •표시가 음절수이고, '북'[bʊk], '나르리즈'[nálɪdʒ], '라이브러리[láybrɚɪ], '어메리카'[əmérɪkə], '유니버르서티'[yunɪvʌrsəti]에 가깝게 발음되는데, 강세와 음절 구분이 느껴지나요?

모든 언어는 자음과 모음이 모여 음절을 구성할 때, 음절의 핵심이 되는 '핵음nucleus' 자리를 모음이 차지하고, 그 주변음인 두음과 말음 자리에 자음이 오는 구조를 보여줍니다. 다만 언어마다 모음의 앞뒤에 오는 자음에 대한 조건이 다릅니다. 한국어는 발음상 모음 앞뒤로 자음이 한 개씩만 올 수 있지만, 영어는 모음 앞뒤로 자음이 세 개까지 올 수 있어서 구조적인 차이가 있습니다.

영어 음절은 음절 구성에 꼭 필요한 핵음을 중심으로 두음과 말음이 선택적으로 결합해 구성됩니다. 이때 운모는 핵음과 말음이 가깝게 결합하는 내부 구조가 있음을 보여줍니다. 운모는 시에서 압운을 맞출 때 사용하는 개념으로 흔히 '라임rhyme'으로 알려져 있는데, 이 책에서는 다루지 않지만 음절 구조에서 중요한 부분입니다.

예를 들어 'strike'를 발음해봅시다. 한국어식으로는 보통 '스트라이크'라고, 5음절로 읽죠. 하지만 원래 발음이 [strayk]이므로 핵음이 이중모음 '아이'[ay] 한 개인 단음절어입니다. 영어에서 이중모음은 두 모음을 동등한 비중이 아니라, 중심 모음을 기준 삼아서 하나의 소리로 간주하므로 이 단어는 핵음에 집중하면서 자음군 'str'를 한꺼번에 발음해야 합니다. 핵음 [ay]를 향해 강속구로 스트라이크를 던져 넣듯이 단음절로, '스트라익' 이렇게 말이죠!

햄버거로 유명한 체인점 McDonald의 발음을 들여다볼까요? 영어로는 3음절인 데 비해 한국어로는 4음절(맥도날드), 일본어로는 6음절(마꾸도나루도)로 늘어나죠. 이는 영어, 한국어, 일본어의 음절 구조상 두음과 말음에 허용되는 자음의 수와 종류가 달라서 생기는 차이입니다. 즉, 자음을 C(그중 비음 자음은 N), 모음을 V라고 표시하면, 음절 구조가 영어는 (C)(C)(C)V(C)(C)(C), 한국어는 (C)V(C), 일본어는 (C)V(N)입니다. 이렇게 음절의 구조는 말소리에 지대한 영향을 주기 때문에 영어의 음절 구조가 한국어와 다르다는 점을 늘 염두에 두어야 합니다.

강세가 발음의 차이를 만든다

영어 단어에는 주강세가 반드시 하나 있습니다. 사전에 표시되어 있지 않지만, 단음절어에도 강세가 있다고 봅니다. 게다가 긴 단어에는 주강세인 제1강세뿐 아니라 부강세인 제2강세도 있습니다(구절에 오는 강세를 제2강세로 보고, 단어의 부강세는 제3강세로 보기도 합니다). 그래서 단어가 길면 발음하기가 더 어렵게 느껴지죠. 앞서 말한 5음절 단어 university도 3음절에 주강세가, 1음절에 부강세가 있습니다. 주강세라는 뜻으로 액센트accent라는 용어도 쓰는데, 이 단어는 '방언의 음성적 특색'이라는 뜻으로도 사용하므로 주의해야 합니다.

영어 단어에서 강세가 더욱 중요한 이유가 두 가지 있습니다. 첫째, 강세가 있는지 없는지에 따라 모음의 발음이 달라집니다. 둘째, 같은 단어라도 강세에 따라 의미가 달라집니다.

첫 번째 중요성은 파생어의 강세를 비교해보면 이해하기 쉽습니다. 파생어에는 뿌리가 되는 단어가 있지만, 음절수가 늘어나면 강세의 위치가 바뀌고 어근의 발음이 달라지기도 하거든요. 예를 들어 어근 PHOto[ˈfoto]에서 만들어진 PHOtograph는 강세가 여전히 첫음절에 있어서 '포터ㄱ래ㅍ'로 발음되지만, phoTOgrapher에서는 강세가 2음절로 바뀌면서 본래 모음인 [ɔ]가 약한 모음 [ə]로 약화되어 '퍼타ㄱ러퍼ㄹ'로 발음이 달라집니다. photoGRAPHic에서는 '포터ㄱ래픽'으로 다시 주강세의 위치가 바뀌면서 모음의 발음도 바뀌지요.

영어는 대체 왜 그런가요

이렇듯 강세의 위치에 따라 소리까지 달라지는 이유는 강세가 있는 음절의 모음은 길고 강하게 제소리를 다 내지만 강세 없는 음절은 약해져서 자기 색깔을 잃어버리는 음운규칙 때문입니다. 앞서 소개한 에피소드에서 camera, Toronto가 우리가 아는 카메라, 토론토로 들리지 않은 원인이기도 합니다. 약화된 모음은 대부분 영어에서 가장 중립적인 모음인 [ə](혹은 이완모음 [ɪ])로 축소되거나 아예 삭제되기도 합니다. '어'와 '으'의 중간 정도 소리인 [ə] 모음을 '슈와schwa'라고 하는데, 알파벳에는 없는 이 소리가 영어 말소리의 10%나 차지한다고 하니 평소에 신경 써서 들어볼 만합니다.

영어 단어에서 강세가 중요한 또 다른 이유는 이것이 의미의 차이를 만들어내는 요소이기 때문입니다. 예를 들어 record는 앞 음절에 강세를 주어 RECord[rékərd]로 발음하면 '기록'이라는 뜻의 명사(레꺼ㄷ)이지만, 뒤 음절에 강세를 주어 reCORD[rɪkɔ́rd]로 읽으면 '기록하다'라는 뜻의 동사(리코ㄷ)입니다. 이렇게 명사와 동사로 모두 쓰이면서 강세에 따라 발음과 품사가 다른 두 음절의 단어가 영어에 상당히 많이 있습니다. 사자성어 좋아하는 사람들이 '명사는 앞에 동사는 뒤에' 강세가 있다며 '명전동후'라는 이름을 붙이기도 했지요. 대표적인 예로 addict, convert, digest, import/export, increse/decrease, insult, object, permit, project, rebel 등이 있습니다. 단, 예외적으로 report, respect, control, support는 명사일 때나 동사일 때 모두 끝음절에 강세가 있습니다.

발음할 수 없다면 모르는 단어

영어 단어의 강세는 어떤 원리에 의해 부여될까요? 강세에 영향을 주는 것은 단어의 품사와 음절의 무게입니다. 무거운 음절이란 이중모음이거나 말음이 있을 경우를 뜻하지요. 전반적으로 2음절 단어는 첫 음절에 강세가 있는 경우가 많지만 품사를 고려하면 명사는 대체로 첫 음절에(BEAUty, CABin), 동사와 접미사가 없는 형용사는 주로 끝음절에(deCIDE, exCEL, reMOTE, abSURD) 강세가 있지요. 3음절 이상인 단어에서는 단어의 끝에서부터 두 번째 혹은 세 번째 음절에 강세가 있는 경우가 많은데, 이때 품사와 음절의 무게가 함께 영향을 줍니다.

강세 부여에는 분명히 일반적인 규칙성이 있기 때문에 영어의 모국어 화자는 모르는 단어에도 자연스럽게 강세를 넣어 발음을 합니다. 하지만 이 규칙은 영어를 배우는 외국인이 쉽게 익히기 어렵고, 예외가 적지 않아서 '규칙'이라기보다 통계적 '경향'이라고 말할 수 있을지도 모릅니다. 그 이유는 영어에 다른 언어에서 가져온 단어가 많기 때문입니다.

이를테면 프랑스에서 온 hotel 같은 단어도 명사이지만 끝음절에 강세가 오는 예외에 속하죠(hoTEL). 아메리카 원주민인 인디언들 말에서 가져온 미국의 주 이름 Tennessee는 끝음절에 강세가 옵니다(tennesSEE). 단어를 빌려올 때 강세도 같이 들여오지만, 이 또한 고정된 것이 아니라 변하기도 하고요. 그러니 영어 단어를 익힐 때는 강세를 꼭 먼저 확인하는 것이 좋습니다. 강세를 모르면 제대로 발음할 수 없고,

제대로 발음할 수 없는 단어는 모르는 단어와 다름없으니까요.

　미국에 이민 간 교포들이 겪는 어려움 가운데 하나가 한국식 발음과 전혀 다른 영어식 발음에 적응하는 일이라고 합니다. 특히 sandwich나 event 같은 단어의 경우 샌드위치나 이벤트라고 음절을 하나하나 강조해서 말하면 거의 못 알아듣기 때문입니다. 이 단어들은 음절수를 줄이고 '샌위치'[sǽnwɪtʃ]는 1음절, '이벤트'[ɪvént]는 2음절에 강세를 두고 발음해야 하지요.

　예전에는 영어 발음은 어떤 식으로든 혀를 굴려야 한다는 강박으로 이어지는 경향이 있었는데, 정작 중요한 원리는 강세와 그에 따른 모음의 변화에 있다는 점을 함께 짚어보았습니다. 너무 평평한 콩글리시는 의사소통에 문제를 일으킬 수도 있지요. 영어는 강세가 무엇보다도 중요하다는 것, 그에 따라 모음의 발음도 변한다는 것, 이 두 가지만은 잊지 마세요. 요즘은 컴퓨터나 스마트폰으로 언제 어디서나 정확한 발음을 들을 수 있게 되었지요. 세상 편한 문명의 혜택을 누리며 강세가 지배하는 영어 말소리의 원리를 파악하시기 바랍니다. 다음 장에서는 자음과 모음의 발음에 대해 차례로 알아보기로 하겠습니다.

05

미세한 차이가
더 중요한 자음

이번에는 영어 자음의 발음에 대해 알아보겠습니다. 먼저 예전에 유학 생활을 마치고 돌아온 분에게 들은 이야기를 해드릴게요. 지금까지 오랫동안 기억에 남아 있는 걸 보면, 저에게 꽤 충격을 주었던 모양입니다.

그분이 미국에서 어느 모임에 갔을 때 이런 질문을 했답니다. "Where is the biggest zoo in this town?"(이 동네에서 가장 큰 동물원이 어디에 있나요?) 아이들과 함께 가보고 싶어서였죠. 그런데 질문을 받은 사람들이 주변을 살피며 무척 당황하더래요. 나중에 알고 보니 그분의 발음이 zoo(동물원)를 의미하는 [zu]가 아닌 Jew(유대인)을 의미하는 [dʒu]로 들렸던 것이었습니다. 동물원을 찾는 질문을 "이 동네에서 제일 덩치 큰 유대인이 어디에 있나요?"라고 이해했을 테니 당황할 수도 있겠죠? 그런 줄도 모르고 아무런 답을 듣지 못하자 이분은 다시 물었다고 합니다. "Zoo. You know. Animal!"(동물원 말예요! 아시죠! 동물!)

Jew. You know. Animal!

분위기가 얼마나 썰렁했을까 실감하실지 모르겠습니다. 발음뿐 아니라 문제가 하나 더 있었거든요. 의외로 Jew라는 단어가 일상적으로는 금기어이기 때문입니다. 사전적으로는 유대인을 뜻하는 말이 맞지만, 이면에는 『베니스의 상인』에 등장하는 샤일록처럼 '지독하거나 교활하고 구두쇠인 유대인'이라는 나쁜 이미지가 더해진 탓이죠. 흑인을 니그로 negro라고 부르면 모욕적으로 받아들이는 것과 비슷합니다. '검다'는 뜻 의 라틴어 니게르niger에서 파생된 단어 니그로는 인종을 가리키는 용어 이지만, 경멸하는 의미가 담기면서 금기어가 되었죠. 이와 비슷하므로 유대인을 가리킬 때도 Jew라는 단어는 피하고 Jewish(a Jewish, Jewish people 등)로 표현하는 것이 좋습니다.

물론 이 이야기에서는 발음의 문제가 더 컸습니다. 한국인들은 영 어 zoo[zu]를 보통 '주'라고 발음하죠. 그런데 한글 'ㅈ'의 소리는 영어 [dʒ]에 좀 더 가까운 소리입니다. 반면 [z]는 한국인이 평소에 거의 발 음할 일이 없는 소리인데, 입술을 양옆으로 길게 하고 혀끝은 윗니 바로 뒤 입천장의 앞부분에 두어 폐에서 끌어올린 공기를 세게 마찰시켜 내 보내면서 소리 냅니다. 휴대폰 진동 소리를 흉내 낼 때가 이와 비슷하죠. 영어의 두 소리 [z]와 [dʒ]를 섬세하게 구분하지 않은 결과, 그분은 겁도 없이 "유대놈, 아시죠? 짐승!" 하고 말한 셈입니다.

말은 흐르는 듯 이어지지만 우리는 자신이 아는 언어의 소리를 개 별적으로 인식할 수 있습니다. 말소리는 많지만 한 언어에서 중요한 말 소리는 따로 있어요. 바로 의미의 차이를 가져오는 소리인데, 이를 음소 phoneme라고 부릅니다. 음소를 확인하는 방법은 하나의 소리만 다르고 나머지 부분은 똑같은 단어들을 찾는 것입니다. 이런 단어들을 최소대 립쌍minimal pair이라고 부릅니다. 이 이야기에서 zoo[zu]와 Jew[dʒu]가 최 소대립쌍으로, /z/와 /dʒ/ 각각이 영어의 음소입니다(언어학에서 음소는 구체적인 발음과 달리 약간 추상화된 개념이기 때문에 발음을 표기할 때 [ ]를 사용하는 것과 구별해서 / /로 표시합니다).

말소리의 가짓수는 언어마다 다르지만 인간이 만들어낼 수 있고 실제 사용하는 소리에는 한계가 있어서, 그 수가 무한히 많은 것은 아닙니다. 음소의 수는 분석에 따라 달라지기도 하지만, 흥미롭게도 아프리카 대륙의 언어들은 음소의 수가 100개를 넘나들 정도로 많은 반면, 남태평양의 섬들에서 쓰는 언어들은 음소의 수가 20개 안팎일 정도로 적습니다.

영화 〈부시맨〉에 나오는 아프리카 코이산Khoisan 언어에는 째깍거리거나 똑딱거리는 듯한 소리도 많습니다. 혀를 치는 흡착음click이 무려 45가지나 된다고 하죠. 한편 대표적인 폴리네시아 언어인 하와이 말은 Honolulu(호놀룰루, 도시 이름), Waikiki(와이키키, 해변 이름), Kamehameha(카메하메하, 옛 하와이 왕의 이름)에서 보듯이 음소의 수가 적고 음절 구조도 단순하기 때문에 소리의 반복이 많습니다. 그래서 인류와 언어의 기원이 아프리카 대륙이었고 여정의 종착지가 폴리네시아가 아니었을까 추측하는 학자들도 있습니다. 하지만 작은 섬들로 구성된 폴리네시아는 언어를 사용하는 인구수가 적기 때문에 근본적으로 사용하는 음소가 적을 수 있다고 설명하며 이 추측에 비판적인 학자들도 있죠.

그 외의 언어에서 음소의 수는 이 둘 사이의 중간 어딘가에 해당합니다. 한국어와 영어 음소의 수는 40개 정도로 엇비슷합니다. 하지만 내용 면에서 차이가 크지요. 이를테면, 영어는 성대를 울리지 않는 무성

자음(/p/, /t/, /k/ 등)과 성대를 울리는 유성자음(/b/, /d/, /g/ 등)의 구별이 있지만, 한국어에는 이 구분이 없습니다. 한국어에서는 본래 무성음인 /ㅂ/, /ㄷ/, /ㄱ/가 모음 사이에서 유성음으로 변하지요. 그래서 한국인에게 단어 첫머리에 오는 영어의 [b], [d], [g]의 발음이 어렵습니다. 예를 들어 boy나 bird의 [b]를 제대로 유성음으로 발음하기가 의외로 어렵습니다. 반대로 영어가 모국어인 화자들은 한국어를 처음 배울 때 '부산'이나 '발'의 /ㅂ/을 유성음인 [b]로 발음해서 '음부산'이나 '음발'처럼 들리니 어색하지요. 또한 한국어에는 마찰음이 음소 중에 /ㅅ/밖에 없기 때문에 [z]의 예에서 보았듯이 한국인들은 영어의 마찰음 발음을 어려워합니다.

물론 두 언어의 차이가 명백한 자음도 많습니다. 가령 영어의 [f]는 한국어에는 아예 존재하지 않는 소리입니다. 윗니로 아랫입술을 살짝 물고(labiodental, 순치음이라고 부르죠) 공기의 마찰을 일으켜 내는 소리로(그래서 fricative, 마찰음이죠), 처음 영어를 배울 때 많이 연습했을 겁니다. 우리는 영어의 [f]를 한국어에 있는 소리들 중에 이와 가장 가깝다고 여겨지는 'ㅍ'으로 적지요. 그런데 영어에는 두 입술을 붙였다 떼면서 내는(bilabial, 양순음이죠) 소리인 pan의 [p]도 있고, 이것이 한국어의 'ㅍ' 소리와 더 가깝습니다. 두 소리 모두 무성음입니다. 따라서 보통 한국어 발음으로 그냥 '팬'이라고 말한다면, 어느 가수의 팬fan인지 요리용 프라이팬pan인지를 구분할 수 없게 됩니다. 이는 /f/가 한국어에서는 음소가 아니기 때문이지요.

음소 목록을 살펴보면, 미국 표준영어에는 24개의 자음과 15개 정도의 모음 음소가 있습니다. 영국 표준영어에는 25개의 자음과 20개 정도의 모음 음소가 있다고 보고요. 같은 영어라도 모음은 영국과 미국의 차이도 크고 지역에 따른 변이도 있지요. 모음에 대해서는 다음 장에서 따로 살펴보기로 하고, 자음에 대해 좀 더 알아보겠습니다.

'fashion'의 'p' 자도 모른다?

영어 자음들 중에서 발음이 가장 특이한 것은 아무래도 혀끝을 아랫니와 윗니 사이로 내밀었다가 들이면서 소리 내는 thin의 [θ]와 then의 [ð]라고 생각됩니다. 그리스 문자에서 온 기호로 θ는 세이터theta, ð는 에드eth라 부르죠. 앞의 소리는 어느 개그맨 덕분에 유명해진 바로 그 번데기 발음입니다. 철자가 'th'라고 모두 이런 소리가 나는 것은 아닙니다. 토머스Thomas, 템즈Thames, 타임thyme(허브의 한 종류)에서는 [t]로 발음합니다.

그런데 이 두 소리는 영어 화자들도 정확하게 발음하기가 번거롭다고 여기는지 [θ]를 [f]로, [ð]를 [d]로 바꾸어 발음하는 경우가 많습니다. 이를테면 bathroom을 '배프룸'[bæfrʊm], weather를 '웨더ㄹ'[wɛdəʳ]로 발음하죠. 자주 쓰는 정관사 the의 [ð]를 [d]로 발음하고 철자 'D'로 쓰기도 하고요. 사실 [θ]라는 소리 자체가 세계적으로 드물어서 영어 말고는 스페인 바르셀로나 지역의 방언에 나타나는 경우가 전부인 것 같습니다. 예를 들어 패션브랜드 Zara의 첫소리나 Barcelona의 [s]를 [θ]로 발음하는 사람들이 꽤 있지요.

앞에서 이야기했던 [f]와 이것의 유성음 짝인 [v]도 한국어에는 존재하지 않지만 영어를 비롯한 다른 유럽 언어에는 많이 등장합니다. 이 [f]를 요즘 커피 주문할 때 군이 발음하는 한국인들도 많더군요. 반면 지나치게 신경을 쓴 나머지 엉뚱한 단어에 쓰는 경우도 종종 있습니다. 예컨대 white wine의 첫 음이나 peeling, pre-order, napkin의 [p]를 [f]로 발음하는 경우를 보거든요. "패션fashion의 p 자도 모른다"는 농담도 있지요. 패션은 분명히 영어의 [f] 소리이지만 한국어에 그 소리가 없다 보니 패션이 영어로 'p'로 시작하는 줄 알았나 봅니다. 그렇게 말하니, 유행이나 멋이 아니고 그만 열정passion이 되어버렸네요!

그래도 [θ], [ð], [f], [v]와 같이 영어의 특이한 자음 발음은 바짝 신경을 써서 그런지 다들 잘 하는 것 같습니다. 중요한 것은 한국어와 비슷하지만 약간 차이가 나는 영어 소리를 정확하게 발음하는 일입니다.

중요한 것은 작은 디테일

그렇다면 한국어 자음과 비슷한 것 같지만 약간 차이가 나는 영어의 자음 소리들을 정리해 볼까요? 첫째로, 앞서 소개한 [z] 계열의 발음들이 가장 까다롭습니다. 제 친구의 남편은 뉴욕의 스타벅스에서 "Do you have syrup?"이라고 물었는데, '시럽'의 발음을 점원이 못 알아들어서 당황스러웠다고 하더군요. syrup 역시 zoo를 발음하듯 조금 센 마찰음으로 '씨럽'에 가깝게 발음해야 합니다. 구약성경을 보면 옛 유대 종족들 가운데 전쟁에서 이긴 길르앗 사람들이 에브라임 종족 도망자들에게 시볼레스*Shibboleth*를 발음하게 해서 'sh'[ʃ] 발음을 하지 못하면 그 종족이라고 확신하고 바로 참수했다는 슬픈 이야기가 전해지고 있지요. 4만 명이 넘게 죽은 끔찍한 비극이 발음 하나로 결정됐다는 것이 믿기지 않지만, 이와 비슷한 영어의 마찰음 발음이 우리에게도 생각보다 만만치 않은 것이 사실입니다.

영어의 [s, z, ʃ, ʒ, ʧ, ʤ]를 한데 묶어 다시 생각해보죠. 이들은 폐에서 나온 공기가 혀와 윗니 사이가 좁혀진 틈으로 빠르게 빠져 나가며 만들어지는 소리입니다. 그래서 치찰음*sibilants*이라고 합니다. 한국어 'ㅅ', 'ㅈ', 'ㅊ' 소리와 소리 내는 방식이 비슷하지만 영어는 마치 큰 뱀이 쉭쉭거리는 소리처럼 더 강하게 발음해야 하지요.

각각이 모두 음소인 이들 사이에 미묘한 차이도 중요합니다. 일단 성대를 울리지 않는 경우는 무성음([s, ʃ, ʧ])이고 성대를 울리는 경우가 유성음([z, ʒ, ʤ])이며 서로 짝을 이룹니다. 이때 [s]와 [z]는 입술을 옆으로 찍 늘여서 발음을 하는 반면(so, sea, city, zero, zipper, zombie), [ʃ, ʒ, ʧ, ʤ]는 입술을 동그랗게 만들어서 발음을 합니다(각각 mesh, massage, church, bridge). 마지막 네 가지의 발음 중에서 [ʧ]와 [ʤ]는 먼저 [t]와 [d]

의 위치에서 잠깐 멈추었다가(즉, 폐쇄음의 특징이 있죠) 마찰음으로 이어지는 소리인 반면, [ʃ]와 그 유성음 짝으로 뒤에 프랑스어에서 들여온 [ʒ]는 처음부터 막힘없이 부드럽게 이어지는 소리라는 차이가 있습니다.

두 번째는 영어의 무성 폐쇄음(파열음이라고도 부르죠)인 /p/, /t/, /k/가 강세 있는 음절의 첫머리인 두음 위치에 올 때 센 입김puff of air을 동반하는 소리가 나는 규칙 때문에 만들어지는 발음의 차이입니다. 공기를 동반한 소리라는 의미로 기음 또는 기식음이라고 하는데, 결과적으로 h 발음(/ㅎ/에 가까운 그 소리죠)이 첨가된다는 뜻으로, 발음기호로 세밀하게 나타낼 때는 해당 음 다음에 h를 위첨자로 붙이기도 합니다.

기음화aspiration라고 불리는 이 규칙을 통해 /p/, /t/, /k/는 한국어의 /ㅍ/, /ㅌ/, /ㅋ/에 가까운 [pʰ], [tʰ], [kʰ]가 되는 것입니다. 하지만 단어의 다른 위치이거나 두음이라도 's' 다음에 오는 경우라면 규칙이 적용되지 않아 이 소리들이 한국어의 'ㅃ', 'ㄸ', 'ㄲ'에 가깝게 발음됩니다. 즉, top, pot, cop은 각기 '탑'[tʰap], '팟'[pʰat], '캅'[kʰap]으로 소리가 나지만 stop과 spot, Scott은 '스땁'[stap], '스빳'[spat], '스깟'[skat]에 가까운 소리인 것이지요. 따라서 우리가 자주 사용하는 open, steak, spy의 실제 발음은 '오픈', '스테이크', '스파이'보다는 '오우쁜'[opən](혹은 [owpən]), '스떼익'[stek](혹은 [steyk])와 '스빠이'[spay]에 가깝습니다. 따라서 기음이 있고 없고의 차이를 분명히 구분해야 비로소 영어답게 들리게 되지요.

두 번째로 영어의 [r]과 [l], 두 소리의 발음도 까다롭습니다. 물이 흐르는 듯한 소리라고 해서 유음liquid이라고 부르는 이들은 각각이 음소입니다. [l]은 입천장 초입에 혀끝을 딱 붙이고 성대를 울린 날숨이 혀의 양 옆으로 빠져나가는 소리입니다. 그래서 설측음lateral이라고 하죠. 반면에 [r]은 조음 위치는 [l]과 비슷하지만, 혀끝이 뒤로 말리면서 입천장에 닿지 않은 상태에서 성대를 울린 날숨이 빠져나가며 만들어지는 소리입니다. 권설음retroflex이라고 하죠. 그래서 이와 비슷한 소리가 'ㄹ' 하나인 한국어식으로 무심하게 발음하면 right인지 light인지, river인지 liver인지 구별할 수가 없습니다.

영어권에서 "Women are always right"라는 문장은 보통 "Men are left because~"와 함께 쓰입니다. 여자 화장실이 오른쪽이고 남자 화장실이 왼쪽이라는 안내문으로 쓰는데, '여자가 늘 옳기 때문'이라는 의미와 겹쳐서 재미를 주죠. 하지만 right를 [l]로 발음해서 "Men are left because women are always light"라고 읽는다면 '여자는 항상 가볍기 때문'이라는 의미가 되니 이상하겠죠? 우리는 쌀을 주식으로 한다는 뜻으로 "We live on rice"라고 할 때 [r]을 잘못 발음하면 lice(벌레 이)를 먹는다는 뜻이 되니 안 될 일이죠. 그런데 어느 햄버거 광고에서 밥이 들어간 신제품을 liceburger로 발음하는 것을 들은 적이 있습니다. 영어 모국어 화자들이라면 좀 이상하다고 생각했을 것 같아요.

어떻습니까? 한국어와 비슷하면서도 약간 차이 나는 영어 발음들을 잘 하기가 훨씬 더 까다롭지요? 미국 UCLA 대학의 전설적인 농구 코치 존 우든이 이런 말을 한 적이 있습니다.

It's the little details that are vital. Little things make big things happen.

중요한 것은 작은 디테일이다. 작은 일들이 큰 일이 일어나게 만들기 때문이다.

우든은 디테일에 신경 쓰는 노력으로 우승컵을 열 번이나 들어 올렸죠. 언어 학습에서도 마찬가지가 아닐까요? 미세한 발음을 구별하는 작은 차이를 놓치지 않을 때 여러분의 영어 발음이 얼마나 멋지게 변화할지 주목해보아도 좋을 것 같습니다.

06

보이는 대로
소리 나지 않는 모음

어느 모임에서 만난 분이 제가 영문과에서 언어학을 가르친다고 하니 다소 엉뚱한 질문을 했습니다. 그분이 블룸버그통신 영어 뉴스를 자주 보는데 특이하게 아나운서들 입가에 위아래로 긴 잔주름이 많더라는 거였죠. 그게 혹시 언어와 관련이 있는 건 아니냐는 질문이었습니다. 관찰력이 남다르다고 생각하면서, 덕분에 저도 고민을 좀 해보았습니다.

영어는 같은 모음이라도 강세가 있는 음절과 없는 음절의 발음이 다르고, 긴장모음과 이완모음 소리가 따로 있습니다. 이런 것들을 놓치지 않고 정확한 발음으로 뉴스를 전달하려면, 턱과 입술을 많이 움직여 입모양을 크고 작게 만들어야 하니 주름이 많아진 것이 아닐까 싶더군요. 과장이 아니라 영어의 모음은 발음하기가 꽤 복잡하고 까다로운 편입니다.

영어 모음에 관해 본격적인 이야기를 시작하기 전에 오래된 우스갯소리 하나를 먼저 들려드리겠습니다. 어느 이탈리아 사람이 영어를 공용어로 사용하는 시칠리아 남쪽의 섬나라 몰타Malta에 갔다가 영어가 잘 통하지 않아 오해 받는 내용입니다.

몰타에 간 이탈리아인

여행 첫날 아침식사에서 여자 종업원이 빵을 한 조각밖에 주지 않자 그는 "I want two piece"라고 말합니다. 그랬다가 "Go to the toilet"

영어는 대체 왜 그런가요

이라는 퉁명스런 답을 듣곤, "You don't understand. I want two piece on my plate"라고 하자 급기야 "Son of a bitch!" 소리까지 듣죠. 그의 말이 "I want to piss"로 전달되었기 때문입니다. "두 조각 주세요"(그런데 piece에 복수형 어미 '-s'를 심지어 빠뜨렸죠)라고 말하려던 건데 "접시에다 소변을 보고 싶다"로 전달되었으니 "화장실에 가세요"라는 대답에 욕까지 들은 겁니다. 나중에 객실로 돌아와 보니 침대에 시트가 없기에 매니저를 불러 "I wanna sheet on my bed"라고 요청합니다. 그런데 또다시 "Go to the toilet"이라는 답과 함께 엄청난 홀대를 당합니다. "I want to shit on my bed"로 전달되었기 때문이지요. "침대 시트를 달라"는 말이 "침대에 변을 보고 싶다"는 말로 오해를 받은 것입니다. 마침내 몰타를 떠나려는데 호텔 주인이 인사하며 "Peace on you"라고 하기에 화가 난 이탈리아인도 "Peace on you, too, son of a bitch!"라고 응수합니다. 그런데 "누가 너한테 오줌이나 싸라"고 한 셈이니 듣는 사람은 노발대발했지요. 안타깝게도 그의 잘못은 오로지 sheet[ʃit]과 shit[ʃɪt], piece/peace[pis]와 piss[pɪs]의 발음을 구별하지 못한 것뿐인데 말입니다.

Piece, peace and piss

영어를 배우는 많은 사람들이 영어 발음 가운데 특히 모음을 어려워합니다. 몰타의 이탈리아인 사례처럼 같은 듯 다른 모음 소리들 때문이지요. 특히 bean[bin]과 bin[bɪn], sheep[ʃip]과 ship[ʃɪp], fool[ful]과 full[fʊl] 등은 모음 소리만 다른 단어들인데, 명확하게 구별하기가 쉽지 않습니다.

언어에서 모음이 중요한 이유는 음절에서 자음들을 연결하고, 길이와 세기와 높낮이를 조절하면서 말소리를 이어가는 중심 역할을 하기 때문입니다. 말소리를 내는 힘의 원천은 폐입니다. 모음은 폐에서 내쉬는 날숨이 성대를 거쳐 입 밖으로 나올 때까지 아무런 방해도 받지 않고 나오는 소리죠. 이때 우리는 혀와 입술을 움직여서 입안 모양을 조금씩 바꾸어 다양한 모음 소리를 만듭니다. 폐부터 입술까지가 하나의 관으로 연결되어, 다양한 소리를 내는 악기인 셈입니다. 혀를 입안 어딘가에 띄워서 위치를 바꾸면서 턱관절을 움직이고, 입안을 좁히거나 넓히고 입술을 펴거나 동그랗게 만들며 여러 모음 소리를 만드는 거죠.

"이[i]-에[e]-아[a]-오[o]-우[u]" 다섯 개 모음을 천천히 순서대로 소리내보세요. 혀의 위치에 따라 모음이 달라진다는 것을 알 수 있습니다. 맨 처음 [i]에서는 혀의 앞부분이 들려서 입안의 앞쪽 위쪽에 위치하다가 [e]에서는 조금 내려오고, [a]를 낼 때는 입안 한가운데 아랫부분으로 내려오는데, [o]와 [u]에서는 다시 혀의 뒷부분이 입안 뒤쪽에서 점차 위로 올라간다는 것을 느낄 수 있을 거예요. 다음 그림에서 혀의 위치와 모음 소리의 상관관계를 볼 수 있습니다.

한국어와 영어의 모음 수는 10~12개 정도로 비슷하지만 내용은 많이 다릅니다. 특히 모음은 자음보다 방언에 따른 차이가 크죠.

영어는 대체 왜 그런가요

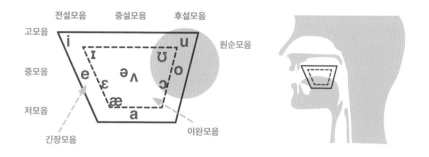

위의 그림은 미국 영어의 모음을 표현한 것입니다. 영어나 한국어 모음의 수가 정확히 몇 개라고 특정하지 못하는 이유는 자음에 비해 조음 위치가 뚜렷하지 않아 변이와 변화가 자주 일어나서 확언하기 어렵기 때문입니다. 지역에 따라 모음의 수도 다르다고 보는데, 크게 보면 미국 영어에 비해 영국 영어에 모음의 수와 변이가 더 많습니다.

긴장모음과 이완모음 구별하기

영어 모음의 가장 큰 특징은 한국어와 다르게 단모음이 긴장모음과 이완모음으로 나뉜다는 사실입니다. 이 차이는 일반적으로 장음과 단음의 차이 혹은 단모음과 이중모음의 차이로 알려져 있지만 모두 음성학적으로 정확한 표현이 아닙니다.

영어에서 이완모음과 대조를 이루는 긴장모음은 네 개라고 볼 수 있습니다. 바로 [i], [e], [o], [u]입니다. 사전이나 학습서, 학자들마다 이들을 [iː](혹은 [iy]), [eɪ]([ey], [ej]), [oʊ]([ow], [ou], [əu]), [uː]([uw]) 등으로 다르게 적기도 합니다. 이완모음 중에 긴장모음과 대조를 이루는 것은 [ɪ], [ɛ], [ɔ], [ʊ]입니다. 그 밖의 모음들은 [a]와 이중모음 [ay], [aw], [oy]가 긴장모음에 해당되고, [æ], [ʌ]는 이완모음에 해당되지요.

긴장모음과 이완모음의 차이는 혀의 긴장도tenseness입니다. 긴장모음은 혀와 입의 가장자리에 힘이 들어가 더 강하게 발음하므로 이완모음보다 입안에서 조음 위치가 약간 높고 소리가 조금 더 강하고 높아지면서 약간 길어집니다. 즉, [i]와 [ɪ], [e]와 [ɛ], [o]와 [ɔ], [u]와 [ʊ]의 차이는 소리의 길이나 단순모음과 이중모음의 차이가 아닌 거죠. 따라서 긴장모음은 일본어 등에 있는, 길이만 두 배 정도 길어지는 '장모음'과 성격이 다릅니다. 한국어에도 [눈]과 [눈ː], [밤]과 [밤ː], [굴]과 [굴ː] 등 모음의 장단 구별이 있었지만 지금은 거의 사라져 소리가 아닌 문맥으로 구분하지요. 그러나 영어의 긴장모음과 이완모음은 길이만의 차이가 아니므로 신경 써서 구분해야 하는, 성격이 아주 다른 소리입니다.

긴장모음과 이완모음의 분류에 대해서도 여러 견해가 있습니다. 특히 'open o' 라고 불리는 [ɔ] 모음은 law처럼 단어 끝에 위치할 수 있다는 긴장모음의 특색도 있고, coat나 boat의 긴장모음 [o]와 대조를 이루는 caught나 bought 같은 예처럼 이완모음의 특색도 있어요. 한편 [ʌ]는 [ə]와 다르게 above[əbʌ́v], butter[bʌ́ɾ]에서처럼 강세가 올 때 나는 소리입니다. 다음 영어 모음들 중에서 이완모음과 확실히 구분해야 하는 긴장모음 네 가지, [i], [e], [o], [u]를 찾아보세요. 어렵지 않을 겁니다.

i   u   beat   boot

ɪ   ʊ   bit   put

e   o   bait   boat

ə ʌ   butt/but

ɛ   ɔ   bet   bought

æ   a   bat   pod

ɜ   3

긴장모음과 이완모음은 의미의 차이를 가져오는 중요한 소리, 즉 음소입니다. 최소대립쌍을 찾을 수 있죠. 앞서 들은 예나 위의 그림에 쓴 예들뿐 아니라 꽤 많습니다. 즉, /i/와 /ɪ/는 cheek/chick, /e/와 /ɛ/는 gate과 get, /u/와 /ʊ/는 fool과 full, /o/와 /ɔ/는 coat와 caught에서도 차이를 보여줍니다. 이런 차이를 한국어로 표현하기는 어렵습니다. 예를 들어 "Eat it"(그거 먹어)을 한국어로 적거나 말한다면 '잇잇'으로 두 단어의 발음이 같아질 수밖에 없겠죠. 그리고 beat, beet, bit 모두 두 음절 '비트'로 표기하고 발음하게 될 테고요.

특히 중간 위치에 있는 긴장모음 /e/와 /o/는 강하게 발음하다 보니 이중모음화하는 경향이 있습니다. 이를 세밀하게 [ey](혹은 [eɪ], [ej], [eʸ]), [ow](혹은 [oʊ], [oʷ]) 등으로 나타내기도 하지요. 주의해야 할 점은 영어에서 온전한 단모음 둘이 연달아 쓰이지 않는다는 것입니다. 이를 테면 gate와 boat를 우리말식으로 발음하면 '게이트'로 3음절이고 '보우트'나 '보트'로 3음절이나 2음절이 되지요. 하지만 영어로는 모두 단음절입니다. 단지 긴장모음이라서 [e]와 [o]를 강하게 발음하다보니 [ey]와 [ow]로 들릴 정도로 약간 이중모음화한 것입니다.

사실 영어의 이중모음은 두 개의 모음이 나란히 결합된 것이 아니라 핵음 자리에 하나의 모음이 오고 그 앞이나 뒤에 전이음(혹은 활음glide)인 [w]와 [y]이 함께 쓰여 소리가 움직이면서 발음되는 경우를 뜻합니다. 전이음은 모음과 자음의 중간 정도 소리로 독자적으로 음절을 이루지 못하는 소리이지요. 영어의 이중모음이 무엇이고 몇 개인지에 대해서도 견해가 엇갈립니다. 앞서 설명한 긴장모음을 모두 이중모음으로 보기도 하고, we[wi], wow[waw], yes[yɛs]처럼 반자음 [w], [y]와 모음의 연속을 전부 이중모음으로 보기도 하지요. 모든 학자가 빼놓지 않고 인정하는 것은 딱 세 개입니다. 바로 high의 [ay], house의 [aw], boy의 [oy]이죠. 이들 모두 모음에 활음이 덧붙어 뒤따르는 모양을 하고 있습니다.

한국어는 모음이 같은 비중으로 연속해서 사용될 수 있지만, 영어는 완전한 모음 둘이 연속적으로 나타나는 경우가 드뭅니다. 가령 'high'의 발음은 한국어로 쓰면 두 개의 모음으로 된 2음절의 단어 '하이'이지만, 영어로는 [a]에서 [y]를 향해 미끄러져가는 이중모음 하나(하이)로 이루어진 단음절어입니다. 이때 핵음인 [a]는 제대로 소리 나지만 뒷부분의 활음은 약하지요(하이). 세 개의 모음이 이어진 것처럼 보이는 our나 fire 같은 단어도 각각 [awɚ]와 [fayɚ]로 소리가 납니다. 즉, 이중모음 [aw], [ay]와 약화된 모음 [ə]에 [r]이 결합된 [ɚ]가 함께 온 거죠. 영어에서는 이런 식의 연속이 가능할 뿐 세 개의 온전한 모음이 연달아 오지는 않습니다. 이러한 차이 역시 한국어와는 다른, 영어 특유의 모음 발음을 구성하는 요소입니다.

보이는 게 전부는 아니다

영어의 긴장모음과 이완모음의 구별이 까다롭게 보이지만, 그래도 한국인은 영어의 말소리를 익히기에 그리 어려운 상황은 아닙니다. 소리 목록에서 영어와 수적인 차이가 크지 않거든요. 예를 들어 일본어가 모국어인 화자라면 일본어의 모음이 '아, 에, 이, 오, 우' 다섯 개뿐이라서 한국인에 비해 외국어 발음이 불리합니다. 일본인은 한국어를 배울 때에도 '어' 모음을 어려워해서, "이거 니 꺼야"를 "이고 니 꼬야"로 발음하죠. 영어를 할 때도 [ʌ]와 [ɜ] 발음을 특히 어려워합니다. 일본의 골프용품 브랜드 Pearly Gates를 엉뚱하게도 '파리게이츠'라고 부르는 이유가 있었던 겁니다.

한국인에게 영어 모음이 까다로운 이유는 네 가지 정도로 정리할 수 있습니다. 첫 번째는 강세에 따라 모음이 소리가 달라진다는 점입니다. 이 점은 강세를 다루며 설명했습니다. 예를 들어 present의 발음을 헷갈려 하는 경우를 자주 보는데요. "I am going to present on English stress"라고 할 때는 동사이므로 두 번째 음절에 강세를 두어 '프리젠트'[prizént]로 발음해야 합니다. 선물이나 현재라는 뜻의 명사 '프레즌트'[préz(ə)nt]는 강세가 달라짐에 따라 모음의 발음이 달라지죠. 동사인 address, apply의 첫 모음인 [a]는 강세가 없어서 약화된 [ə]로 발음하지만, 명사형인 address, app(application)에서는 강세가 있기 때문에 [æ]로 발음합니다. 또한 'resPONd, deLIcious, reCIpient'와

'REcognize, DElicate, REcipe'를 비교하면 철자 'e'의 발음이 앞의 그룹에 있는 단어는 약화된 모음 [ɪ]나 [ə]로 발음되지만 뒤의 그룹은 [ɛ]로 소리 나는데, 그 이유는 역시 강세입니다. 같은 철자라도 강세에 따라 발음이 달라지는 경우가 많으니 신경 써야 하지요.

두 번째는 앞에서 설명한 대로 영어에는 한국어에 없는 긴장모음과 이완모음의 대비가 있다는 점입니다. 좀 까다롭긴 하지만 일단 이해하고 나면 어렵지 않습니다.

세 번째는 전설모음인 [ɛ]와 [æ]를 정확히 구별해야 한다는 점입니다. 한국어가 영어 발음에 영향을 주기 때문입니다. 예를 들어 sat을 발음해보세요. 영어의 [æ]는 혀의 위치가 입안 앞쪽이면서 높이가 [a]처럼 아주 낮습니다. 이번에는 set의 [ɛ] 모음을 [æ]와 구분해서 발음해보세요. 아주 다르게 발음하기가 어려울 겁니다. 그 이유는 한국어에서 '에'와 '애' 발음의 구분이 모호하기 때문입니다. 일반적으로 '게'와 '개', '제고'와 '재고', '실제'와 '실재'를 엄격히 구별해서 발음하는 사람이 많지 않습니다. 그래서 한국인들은 영어의 [æ]를 [ɛ]로 발음하곤 하지요. 예를 들어 bad와 bed, sad와 said, pat과 pet은 다른 단어들인데 한국인들은 모국어의 영향 탓에 명확히 구별하는 데 어려움을 겪습니다. 미국 영어에서도 일부 방언에서 Mary, merry, marry의 구분이 거의 없기는 합니다. 하지만 본래 표준영어의 [æ] 발음은 혀의 위치를 바닥으로 최대한 낮추어 발음해야 합니다. 그보다 조음점이 높은 [ɛ]와는 확실히 구분해야 하지요.

영어는 대체 왜 그런가요

네 번째는 영어의 모음은 예외 없이 철자와 발음의 괴리가 크다는 점입니다. 예를 들어, 철자 'o'가 미국식 영어에서 어떻게 발음되는지 살펴봅시다. 이것은 '어'와 '오'의 중간 정도 소리인 [ɔ](office, focus, operate) 혹은 '어'에 가까운 소리인 [ʌ](done, oven, son), '아'에 가까운 소리인 [a] (cop, stop, potty), 또는 긴장모음으로서 약간 이중모음화 하는 '오' 소리인 [o]([ow]로 표시하기도 하죠, no, most, noble) 등으로 다양하게 발음됩니다. 한국인들은 어떤 경우에는 이들을 구별하지 않고 철자만 보고 [ɔ]로 발음하는 경향이 있습니다. 그런데 이러한 철자와 소리의 괴리는 다른 모음들도 마찬가지입니다.

모음의 발음은 자음보다도 까다롭기 때문에 더 듣기에 집중해서 철자와 다른 진짜 소리를 파악해야 합니다. 알파벳 문자는 본래 표음문자가 맞지만, 처음 사용될 당시에나 소릿값을 충실히 반영했을까, 많은 언어에 사용되면서 수많은 말소리를 세밀하게 구분해 나타내지는 못하는 상황입니다. 특히 영어의 철자는 인쇄술이 발달한 중세영어 말기(1400년대 후반)와 크게 달라지지 않은 탓에 이후에도 많은 변화를 겪은 영어를 정확히 나타내지 못해 혼란스러운 면이 더 많지요. 어느 언어에서나 철자와 발음이 정확히 일대일로 대응하지는 않습니다. 그래서 사전편찬자들과 언어를 연구하는 학자들이 발음기호를 사용하는 것이지요. 이러한 사실을 이해하면 영어 발음의 복잡함을 이해하기가 좀 쉬워집니다.

언어의 기본은 소리입니다. 그러니 자음, 모음 모두 철자를 보고 읽으려 하기보다는 반드시 실제 소리를 들어보고 연습도 해야 합니다. 물론 가장 먼저 강세의 위치를 파악해야 하고요. 언제나 그렇듯, 보이는 게 전부는 아니니까요.

07

연결되면서 달라지는 말소리

회사에서 미국 지사 주재원으로 파견된 A는 현지에서 차를 사러 갔다가 민망해진 일이 있었습니다. "Which model would you like to see?"라는 판매원의 질문에, "Mother? My mother is in Korea"라고 답했거든요. 갑자기 어머니 안부는 왜 묻나 싶었지만, 다른 말은 전혀 들리지 않았다고 합니다. 왜 이런 일이 생겼을까요?

평상시에 우리는 외마디 소리나 단어 하나씩만 주고받으며 대화하지 않습니다. 소리를 모아 단어를 만들고, 단어를 구조적으로 연결해 문장으로 말하지요. 그러면 제각각일 때의 소리와는 달라지는 여러 현상이 생깁니다. 이런 음운현상은 어느 언어에서나 일어납니다.

위의 예에서 model이 mother로 들린 것은 미국 영어에서 두 단어의 모음 'o'가 다르게 발음된다는 것을 미처 몰랐기 때문일 겁니다. 보통 model의 o는 [a](아), mother의 o는 [ʌ](어) 정도로 발음되지요. 뿐만 아니라 빠르게 말할 때 생기는 여러 다른 음운현상들 때문이기도 한데요. 말소리가 단어와 문장으로 연결되면서 생기는 현상에는 두 종류가 있습니다. 첫째는 긴 말이 줄어드는 것이고 둘째는 소리가 연결되며 변하는 것이죠. 차례로 알아볼까요?

영어 구어체라면 가장 먼저 떠오르는 것이 물리적으로 말의 길이를 줄이는 일입니다. 두 개 이상의 단어를 하나처럼 짧게 줄이는 것을 축약 contraction이라고 하지요. 흔히 쓰이는 대명사와 be동사, 조동사와 not의 연결에 사용합니다. 예를 들어 I'm, you're, she's, you'd, don't, won't, mustn't 같은 것이 있고, 조동사끼리의 축약형인 would've, could've도

영어는 대체 왜 그런가요

있습니다. 그밖에도 gonna, wanna, gotta, 심지어 tell'im, tell'em처럼 특이한 형태도 있습니다. 축약은 당연히 말소리를 다르게 만들고 특히 부정의 의미가 불분명하게 들릴 여지가 있지만, 조금만 알고 들으면 이해하기 어렵지 않습니다. 구어체 영어가 잘 들리지 않고 흉내 내기 어려운 것은 소리가 연결되면서 달라지는 음운현상이 더 큰 원인입니다.

영어를 어렵게 만드는 발음들

영어의 강세나 자음과 모음의 발음을 정확히 안다 해도, 일상적인 말이 잘 들리지 않고 흉내 내기 어려운 경우는 정말 많습니다. 예를 들어 "I don't know"는 '아이 돈트 노우'가 아니라 '아아더노'처럼 들리죠. "I'm gonna miss you!"는 '암거나 미쓔'로, "Would you like some water?"는 '우쥬 라익 썸 워러'로, 문장 속에서 각 단어 고유의 말소리는 다른 단어와 연결되고 섞이면서 전혀 다르게 들립니다.

이런 현상이 나타나는 이유는 똑같은 소리도 어떤 환경에 놓이느냐에 따라 달라지는 음운규칙phonolgical rules의 영향을 받기 때문입니다. 여기에는 이음말에서의 '빠른 말 현상fast-speech phenomenon'과 '변이 규칙variable rules'이 포함됩니다. 먼저 영어 말소리를 알아듣기 어렵게 만드는 대표적인 음운현상 몇 가지를 차례로 짚어보겠습니다.

첫째는 강세가 없는 모음이 제 색깔을 잃고 [ə]로 약화되는 모음 약화vowel reduction입니다. 예를 들어 CAnada의 [æ](애), DRAma의 [a](아), PHOtograph의 [ɔ](오)는 caNAdian, draMAtic, phoTOgraphy에서는 첫음절에 강세가 없으니 모두 [ə](어)로 바뀌어 버립니다. 강세는 상대적인 개념이라서 모음 약화는 영어 말소리에서 아주 흔하게 나타납니다. 이에 따라 문장 속에서 강세를 받지 않는 and, as, to, can, must, am, have, that, but 등 기능어의 모음이 [ə]로 발음되지요. 그런데 "That's the way I am" 같은 예에서 문장 끝에 오는 am은 이를 강조해야 하기 때문에 [əm]으로 약화되지도 않고, 따라서 I am이 I'm로 바뀌지 않습니다. 이때는 기능어라도 강세를 받기 때문이지요.

둘째는 인접한 소리들이 서로 비슷해지는 동화assimilation 현상입니다. 예를 들어 news의 /s/는 앞에 오는 전이음 [w]가 유성음이므로 이에 동화하여 [z]로 발음되지만, newspaper에서는 뒤에 오는 /p/를 만나 [s]로 무성음화가 되지요. 또한 goodbye에서는 /d/의 조음점이 /b/쪽으로 옮겨가 조음점이 비슷해지는 동화가 생겨, '귿 빠이'가 아니라 '그͡빠이'[gʊ͡bay] 정도로 발음됩니다. income tax 또는 (one's) own car에서는 /n/의 발음이 뒤에 오는 /k/와 조음점이 같은 [ŋ]으로 변화해, 각기 '잉컴 택스', '오웅 카ㄹ' 정도로 발음되지요. 게다가 this year에서 앞의 /s/ 소리는 뒤에 오는 구개음 /y/를 닮아 [ʃ]로 발음됩니다.

셋째는 미국 영어에서 흔히 보이는 설탄음화flapping 현상입니다. 설탄음은 권설음 [r](입천장에 닿지 않게 뒤로 말아 올리는 소리)과 비슷한 듯하지만, 혀를 뒤로 마는 대신 혀끝으로 입천장의 앞쪽을 한번 탁 쳐서 내는 소리입니다. 이렇게 만들어진 소리를 설탄음^{flap}(혹은 tap)이라 부르고 [ɾ]로 표시합니다. 요즘에는 그냥 플랩(혹은 플랩T나 플랩D)이라고도 부르더군요. 이 소리는 한국어에서 모음 사이에 오는 'ㄹ' 소리와 같은데요. 예를 들면 "밥 먹고 가라!" 하고 말할 때 '가라'의 'ㄹ'이 바로 설탄음입니다.

설탄음은 영어의 음소가 아닙니다. 본래의 /t/와 /d/ 음소가 변한 것이지요. 이 규칙에 따라 영어의 /t/나 /d/는 모음 사이에서 뒤에 오는 모음에 강세가 없으면 종종 설탄음으로 바뀝니다. 이 규칙이 적용되면 writer와 rider, 그리고 latter와 ladder가 동음어가 되어버리기도 하지요. 이것은 butter, quarter, little, water, wider 등 많은 단어에서 일어나는 현상입니다. A가 알아듣지 못한 model에서도 /d/ 발음이 설탄음 [ɾ]이었습니다.

게다가 설탄음화는 /t/ 앞에 모음이 아닌 /r/, /y/, /w/나 /n/ 같은 자음이 있어도 일어납니다. 예를 들어 party, whitish, floater, county, plenty, dental, wanted, internet 등의 발음에서 나타나죠. 인터넷이 영어로는 마치 '이너넷'처럼 들리는 이유입니다. 더구나 이음말에서도 kind of, beat it이나 hit all에서 보듯이, 강세가 어디에 오든지 상관없이 설탄음화가 일어납니다.

설탄음화 규칙이 만들어내는 가장 흥미로운 대조는 영국과 미국에서 서로 다른 Harry Potter의 발음입니다. 이 규칙이 없는 영국식 영어로는 '포터'[pɔtə]로 발음하지만 미국식 영어라면 '파러'[paɾɚ]처럼 되니까요. 그러고 보니 오래 전 만화 영화의 주인공 우주소년 아톰^{Atom}은 미국식 영어로는 '애럼'[ǽrəm]이 됩니다. 한국식 발음 '아톰'과는 상당히 다르죠? 이 단어에 적용된 음운규칙들이 바로 atom에서 강세 없는 두 번째 모음 o가 [ə]로 변한 모음 약화, 그리고 모음 사이의 /t/가 [ɾ]로 변한 설탄음화입니다.

이처럼 서로 잘 구분되던 음소가 말소리에서 구분이 없이 하나로 나타나는 현상을 중화neutralization라고 합니다. 앞서 강세 없는 영어의 모든 모음이 [ə]로 약화되는 모음 약화와 설탄음화가 대표적인 중화 규칙입니다. 이들로 인해 영어 말소리가 알아듣기 어려워질 수밖에 없지요.

단어와 단어 사이의 화학반응

이렇게 소리가 연결되면 마치 특정한 물질들이 만나서 화학반응이 일어나듯 단어 속에서는 물론이고 단어와 단어 사이에서 서로 영향을 주며 조금씩 달라집니다. 이번에는 문장 속에서 단어를 연결할 때 생기는 음운현상에 대해 알아볼까요. 영어의 연음현상은 종류가 다양합니다. 적어도 세 가지를 꼽을 수 있습니다.

첫째, 앞 단어 끝에 있는 자음이 다음 단어가 모음으로 시작할 경우에 그 단어의 초성이 되는 재음절화resyllabification가 일어납니다. 독립적인 단어들이 이어지면서 연결고리가 만들어지는 셈이지요. 예를 들어 just a little은 '저스⌢떠 리들'(just⌢a little)로, I found it은 '아이 파운⌢딧'

(I found͡it)으로, four o'clock은 '포͡러͡클락'(four o' clock)처럼 발음되는 것입니다. 어느 만화에 보니 원어민도 keep out을 재음절화를 적용한 발음 '키파웃' 그대로 key pout으로 써서 웃음을 유발하더군요. 한국어에서 '꽃을'이 '꼬츨'로 '값이'가 '갑시'로 발음되는 것도 재음절화가 적용되기 때문입니다.

둘째, 단어가 연결되면서 조음점이 같거나 비슷한 자음 두 개가 연이어 올 경우 두 번 발음하지 않고 하나의 자음만 두 개의 길이만큼 끌어 발음합니다. 아주 빠른 이음말에서는 한 번만 발음하기도 하고요. 이때는 앞의 소리가 탈락하는 것이죠. 이를테면 part time에서 part의 마지막 자음과 다음 단어인 time의 첫 자음이 똑같기 때문에 '파르트타임'으로 두 번 [t]를 소리 내는 것이 아니라 '파르타임'정도로 한 번만 소리 냅니다. "I know why"라고 말할 때도 [w] 발음을 한 번만 하면 됩니다.

똑같은 소리뿐 아니라, /d/와 /t/의 경우처럼 유성음과 무성음이라는 차이가 있지만 조음점이 같은 자음들도 마찬가지라서 빠르게 말할 때 앞의 것이 탈락됩니다. 이에 따라 good timing은 '그͡타이밍'[gʊtaymiŋ], serve for는 '서르͡포르'[sʌrfɔr]로 발음되지요. 이 현상은 조음점이 조금 다른 자음이 연이어 나올 경우에도 적용되어 앞의 소리를 탈락시키거나 조음 위치를 약간 이동시켜 더 단순하게 발음하게 됩니다. 이를테면 credit card에서는 /t/를 탈락시켜 '크레디͡카르드'[krɛdɪkard]로 발음하는 겁니다.

셋째, /s/, /z/, /t/, /d/가 경구개 전이음palatal glide인 /y/와 만나면 구

개음화palatalization를 통해 두 소리가 합쳐서 다른 소리로 변합니다. 일종의 융합 과정이죠. 예컨대 "Nice to meet you"의 뒷부분은 '밑유'[mit yu]가 아니라 파찰음(파열음과 마찰음이 합쳐진 소리)인 '미츄'[mitʃu]처럼 발음되지요. need you가 '니쥬'(/d/+/y/→ [dʒ])가 되고, was you가 '워쥬'(/z/+/y/→ [ʒ])가 되는 것도 같은 원리입니다. 이것이 바로 "I miss you"가 '아이 미슈'(/s/+/y/→ [ʃ])가 되는 이유입니다.

이러한 연음현상의 규칙들은 영어 모국어 화자들에게는 자연스럽게 내재화되어 있지만, 영어를 배우는 외국인들에게 따로 가르쳐주는 경우는 많지 않아서 영어의 자연스러운 말소리가 어렵게 느껴지는 것입니다.

언어와 사회 사이의 화학반응

일상적인 영어가 잘 들리지 않는 원인에는 앞서 소개한 일반적인 음운규칙뿐 아니라 사회적 요인에 따라 정도가 다르게 적용되는 변이규칙들variable rules도 있습니다. 사회적 요인에는 여러 가지가 있는데, 상황의 격식성은 물론이고 말하는 사람의 출신지역, 사회계층, 성별, 나이, 민족 등이 영향을 줍니다. 이들 중 대표적인 사례 두 가지를 살펴보겠습니다.

첫 번째는 영어에서 두 개 이상의 자음이 모인 자음군에서 앞 단어의 마지막 자음이 탈락되는 '자음군 탈락consonant cluster reduction'입니다. 주로 /t/, /d/로 끝나는 경우에 흔하게 일어나서 'TD삭제TDdeletion'로도 불리는 규칙이지요. 이를테면 felt bad는 'fel bad', west coast는 'wes coast'처럼 /t/음을 탈락시킨 채 발음합니다.

물론 한 마디씩 강조해서 이야기하거나 격식을 차려 말할 경우에는 자음군을 그대로 다 발음합니다. 또한 자음군은 뒤에 모음이 오면 탈락보다 재음절화가 일어나기도 하지요. 이를테면 send의 [d]는 모음으로 시작되는 단어 it보다는 자음으로 시작되는 단어인 back 앞에서 더 잘 탈락됩니다. 말하는 도중 단어의 말미에서 쉴 경우에 탈락이 더 자주 혹은 적게 일어나는 등 방언에 따라 서로 다른 특징이 나타나기도 하고요.

또한 과거형 어미 –ed의 음성적 표현인 [t]나 [d] 소리가 missed의 [st], saved의 [vd] 등과 같이 자음군 속에 들어 있는 경우에는 과거형이라는 의미정보를 잃게 되므로 mist 같은 경우보다 탈락하는 비율이 낮습니다. 앞서 felt bad에서 /t/가 자주 탈락될 수 있는 것은 feel의 과거형 felt에는 t외에도 [i]가 [ɛ]로 모음이 변화해서 과거형임을 표시해주기 때문이지요.

본래 구어에서는 자음군을 이루는 동사의 과거형 어미(–ed)뿐 아니라 3인칭 단수 현재형 어미(–s), 그리고 명사의 복수형 어미(–s)가 잘 발음되지 않고 들리지도 않습니다. 이것은 앞에서 설명했듯이 영어가 강세박자언어이기 때문이기도 합니다. 예를 들어 "He planned the party for her"에서는 보통 planned를 발음했어도 [d]는 들리지 않고 plan만 들립니다. 또한 "Many chan<u>ges</u> took place", "She walk<u>s</u> to school"을 빠르게 말한다면 어미인 −s가 정확히 들리지 않을 수 있습니다.

두 번째 변이적인 현상은 현재진행형에 사용되는 동사 어미 −ing가 본래의 발음 [ɪŋ] 대신에 [ɪn]으로 발음되는 것입니다. 명사 중에도 ring, king, ceiling처럼 −ing로 끝나는 경우가 있지만 결코 [ɪn]으로 발음하지 않습니다. 다만 2음절 단어로 강세가 없는 nothing, something, anything 등은 예외적으로 [ɪn]으로도 발음되지요. 동명사_{gerund}도 같은 −ing 어미를 쓰지만, 이것은 구어체로 빨리 말을 한다 해도 결코 [ɪn]이 되는 일이 없어서 예컨대 "Seeing is believing"을 "Seein' is believin'"으로 발음하지는 않지요.

이 변이는 주로 흔하게 사용되는 동사의 어미로 −ing가 사용될 때 일어나고, 하도 자주 나타나기 때문인지 글을 쓸 때도 어깻점을 사용해서 "I'm comin'", "What are you doin'?"처럼 표현합니다. 『허클베리 핀의 모험』처럼 구어체를 강조하는 소설에 자주 등장하지요. 저는 중학생 때 앤 머레이가 부른 팝송 〈I Just Fall in Love Again〉에서 첫마디가 "dream in"이라고 철석같이 믿었는데 나중에 알고 보니 dreaming을 dreamin'으로 발음한 것이라 깜짝 놀랐던 적이 있어요.

현재진행형에 쓰인 어미 −ing가 [ɪn]으로 발음되는 이유에는 긴 사연이 있습니다. 이 점에 대해서는 16장에서 진행형 시제를 다루며 자세히 이야기하겠습니다. 오늘날 현재진행형을 [ɪn]으로 발음하는 변이 형태에는 사회적 요인의 영향이 큰데요. 대개 격식을 갖추지 않아도 되는 편안한 상황에서 사용되며, 여자보다는 남자가 그리고 사회적 지위가 낮은 사람이 높은 사람보다 상대적으로 더 많이 사용한다고 알려져 있습니다. 이를 흔히 'g삭제'라고도 표현하지만, 철자와는 상관없는 발음의 문제입니다. 이 현상에 대해 이해하고 나면 영어의 구어체 발음이 훨씬 더 잘 들린다고 하니 알아둘 만합니다.

일상적으로 빠르게 말하는 영어가 잘 들리지 않고 유창하게 말하기도 힘든 이유는 이렇게 다양한 음운현상들이 숨어 있기 때문입니다. 음운규칙에 대해 알면 도움은 되지만 이들을 일일이 외운다고 해서 영어가 잘 들리게 되고 유창하게 말할 수 있는 것은 아닙니다. '모음으로 시작되는 단어는 앞 단어의 마지막 자음과 연결해서 말해야지' 하고 매번 신경 쓰며 확인할 수는 없는 노릇이니까요. 한국어 '꽃을'을 자연스럽게 '꼬츨'로 말하듯, 영어 'keep out'을 '키파웃'으로 자연스럽게 말할 수 있어야 합니다. 앞서 3장에서 말했듯이 영어 모국어 화자의 발음을 듣고 따라하는 과정을 반복하고, 나아가 거의 동시에 따라서 말하거나 읽는 것이 최선의 훈련 방법입니다. 문장을 읽으며 녹음해서 들어보고, 원어민의 발음과 비교해보며 고치는 연습도 좋습니다. 받아쓰기까지 한다면 더할 나위가 없겠습니다.

Part

3

단어는 무작정
외우는 것이 아니다

—

단어 익히기

08

의미의 핵심, 형태소의 세계

영어를 공부하는 사람들에게 물어보면 가장 귀찮고 힘든 일이 단어 외우기라고 합니다. 사실 영어는 세계의 모든 언어들 중 어휘가 가장 많습니다. 실제로 사용되는 단어의 수를 추산하는 방식은 학자마다 다르지만, 글로벌 랭귀지 모니터The Global Language Monitor에서 발표하는 데이터가 가장 현실에 가까운데요. 단어가 소셜 네트워킹 서비스를 포함한 온라인 오프라인 미디어에서 사용되는 빈도를 추적해서 통계를 내기 때문입니다. 이 사이트의 통계에 따르면 영어의 어휘 수는 2021년 1월 기준, 106만 개가 넘습니다(정확히는 1,062,759.4개). 심지어 파생어, 합성어, 전문용어 등은 빠진 숫자입니다.

어마어마하죠? 같은 방식으로 추산할 때 프랑스어, 독일어, 한국어 등 대부분 언어의 어휘 수는 그 절반 이하입니다. 단적으로 비교하면 프랑스어나 독일어는 사전에 보통 20만여 단어가 수록된 데 반해, 영어는 옥스퍼드 대사전만 보아도 100만 개가 넘는 단어가 수록되어 있습니다.

누구도 수많은 영어 단어를 다 알지 못합니다. 그럴 수도, 그럴 필요도 없죠. 적은 수의 단어로 말한다고 해서 영어를 못하는 것도 아닙니다. 기초적인 단어만 알아도 영어를 얼마든지 구사할 수 있습니다. 2002년 월드컵 때 히딩크 감독은 "I'm still hungry"라는 한 문장으로 온 국민의 열망을 제대로 표현했지요.

우리가 영어를 공부하는 목표는 자신의 영역에서 바람직한 수준으로 대상을 이해하고, 내 생각을 말과 글로 상대에게 전달해 순조롭게 소통하는 것입니다. 따라서 많이 외우기보다 꼭 알맞은 단어를 제대로 사용하는 것이 더 중요합니다. 일상 회화를 위해 필요한 영어 단어 수는 3,000개 정도라고 언어학자들은 말합니다. 좀 배웠다는 사람들이 사용하는 단어도 2만 개 수준이고요. 참고로 셰익스피어가 작품 속에 사용한 단어 수가 3만 1,534개라고 합니다. 시험을 치르기 위해 두꺼운 단어집을 사서 3만 3,000개쯤 외워버리고 사전을 씹어 먹는 한국인들에겐 놀랍도록 적은 숫자가 아닐까요?

그런데 이처럼 단어집으로 영어와 한국어 단어를 단순히 일대일 대응으로만 외우면 결국 한계에 부딪칩니다. 단어는 문장 속에서 활용되면서 맥락에 따라 다른 의미를 지니는 경우가 많기 때문이죠. 외워서 뜻 하나를 알기보다 문장 속 제자리에 활용할 수 있어야 단어는 온전히 내 것이 됩니다. 그래야 감정과 생각을 적확하게 표현할 수 있지요. 이 점에 대해서는 차차 이야기하고, 기초가 되는 단어를 아는 일도 중요하므로 먼저 단어를 잘 익히는 효과적인 방법을 알아보려 합니다. 영어 단어에 대한 감을 잡기 위해서는 단어보다 작은 단위인 형태소의 존재에 대해 알고, 이 개념을 단어의 의미를 짐작하고 확장하는 데 활용해야 합니다.

단어 공부, 왜 어려울까요?

영어 단어를 공부할 때, 한국어와 일대일로 일치하지 않는다고 느낄 때가 있습니다. 난처함을 느끼는 대표적인 순간이 가족관계를 이야기할 때죠. 우리는 '언니, 여동생, 누나'를 가리키는 말이 각각 있는데, 영어는 sister 한 단어면 끝입니다. '아저씨, 삼촌, 외삼촌, 백부(큰아버지), 숙부(작은아버지)'도 모두 그저 uncle이고요. 물론 이와 같은 가족이나 친척 호칭이 다른 것은 문화적 배경의 차이에서 온 것이죠. 동사는 또 어떤가요? 옷을 입을 때도, 반지를 낄 때도, 양말을 신을 때도, 영어로 말하려면 하나같이 wear를 씁니다. 예를 볼까요.

I am **wearing** his clothes.

나는 그의 옷을 입고 있다.

She always **wears** her wedding ring.

그녀는 결혼반지를 늘 낀다.

If the cap fits, **wear** it.

그 말이 옳다면 그대로 따르라.(속담, 직역은 그 모자가 맞으면 그것을 써라.)

I don't want to **wear** those socks.

나는 그 양말을 신고 싶지 않다.

한국어에 서툰 미국인이 "양말을 입었어요?"라고 말하는 이유도 한국어와 영어가 일대일로 대응하지 않는다는 사실을 놓쳤기 때문입니다. '자동차'처럼 단순한 단어도 맥락에 따라 car뿐 아니라 automobile, vehicle 등 여러 영어 단어에 대응할 수 있는데, 사실 자동차 말고 차, 승용차도 가능하니 이것도 일대일로 대응하지 않습니다. 더욱이 동사나 형용사에서 세밀한 차이가 있는 경우라면 간단하게 번역하기는 아주 어렵습니다.

이처럼 단어를 일대일 대응으로 외우는 데 한계가 있다고 해서, 개별 사항까지 모조리 외울 수는 없는 일입니다. 노력 대비 성과도 적고요. 도대체 단어를 제대로 안다는 건 무엇일까요? 체계적으로 어휘력을 쌓을 방법은 과연 있을까요? 원리가 중요하다고 했으니 우선 단어란 무엇인지부터 알아봅시다.

단어란 무엇인가

단어는 한마디로 '말소리'와 '의미'의 '자의적'인 결합입니다. 이때 '소리'가 단어의 형태, 즉 겉모습을 이룹니다. 얼른 납득하기 어려운가요? 보통 글자가 먼저 눈에 들어오니 그럴 만합니다. 또는 단어 철자를 연습장에 쓰면서 뜻을 기억한다고 믿었기 때문일 겁니다. 하지만 모국어를 생각해보면 소리를 먼저 익힌다는 걸 알 수 있습니다. 글자는 나중에 학교에서 받아쓰기를 하며 익혔죠. 세계의 언어 중에는 문자가 없는 것들도 많습니다. 언어가 약 6,500개인 데 비해 문자는 역사적으로 존재했던 것을 합쳐 200~400개로 추산하지요. 글자를 무시하자는 것이 아니라 소리의 중요성을 이해하자는 뜻입니다.

영어 단어의 기본은 말소리이고, 이를테면 [k], [æ], [t]라는 세 가지 말소리가 모여 [kæt]이라는 음절을 형성하고 여기에 의미가 결합되어 하나의 단어인 cat을 이룹니다. 그리고 단어들이 모여 구(the fat cat)가 되고, 주어와 동사를 갖추면 절(you like the fat cat)을 이루며, 절이 독립적으로 혹은 여럿이 함께 사용되어 문장(You like the fat cat. I know that you like the fat cat.)으로 완성되지요. 언어를 구성하는 단위를 크기로 구분해 보면 다음과 같습니다.

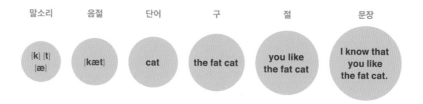

특히 영어는 어느 음절에 강세가 있는지 알아야 단어의 형태인 소리를 제대로 알 수 있다고 앞에서 살펴보았습니다. 예전에 한 일본인 학생이 '트라벨'이라고 해서 제가 모르는 단어인가 했는데 travel이었죠. 최근엔 어느 신문에 미국 스타 부부의 아이 이름이 성경의 시편과 같은 Psalm이라면서 한국어로는 기자가 '팜'이라고 잘못 써놓은 기사를 보았습니다. 이때 'ps'는 psycho가 '사이코'인 것처럼 [s] 소리가 나서 '삼'에 가까운데 말이죠. 단어의 형태는 철자에 앞서 소리임을 잊지 말아야 합니다. 발음할 수 없는 단어는 모르는 단어나 다름없다는 점을 앞서 2부에서 이미 살펴보았습니다.

그렇다면 단어의 소리와 의미의 결합이 자의적이라는 것은 무슨 말일까요? 서로 직접적인 관계가 없는 사회적 약속이라는 뜻입니다. '밥'을 왜 '밥'이라고 부르는지, 왜 '꽃'이나 '빵'이 아니고 하필 '밥'이라고 부르는지 아무런 이유가 없어요. 즉 말소리 자체는 의미에 대한 정보를 거의 제공하지 않습니다.

이렇게 보면 결국은 어느 정도 외워야 한다는 결론이겠지요? 하지만 단어에는 나름의 구조와 역사가 있어 서로 긴밀하게 관련되어 있으니 일일이 다 외울 필요는 없습니다. 영어 어휘를 이해하고 확장하는 데는 직관을 사용한 전략이 필요하죠. 이점을 이해하기 위해 'morph'와 관련된 다음 예를 보시죠.

형태소의 변신 이야기

모피어스Morpheus는 영화 〈매트릭스Matrix〉에 나오는 인물로 유명해졌지만 원래는 그리스 신화 속 꿈의 신 모르페우스를 가리키는 이름입니다. 자유자재로 모습을 바꾸어 꿈에 나타난다고 하죠. 그의 아버지는 잠의 신 힙노스Hypnos인데, 로마 신화에서는 솜누스Somnus라고 합니다. 포베투스Phobetus와 판타수스Phantasus가 그의 형제들이죠.

이 이름들을 영어 단어 속에서 발견할 수 있는데요. metamorphosis(유충이 나비가 되는 변태, 변형), hypnosis(최면), insomnia(불면증),

phobia(공포증), fantasy(환상) 등이 그 모습을 바꾼 단어들입니다.

그렇다면 morphology는 뭔지 아세요? 생소한 단어지만 'morph' 부분을 남겨두더라도, biology(생물학), psychology(심리학) 같은 예에서 '-ology'가 a study of something, 즉 '어떤 연구나 학문 분야'라는 뜻임을 추측할 수 있습니다. 그리스 신화나 metamorphosis를 몰라도 'morph'를 또 다른 단어에서 본 적이 있다면 이 단어의 의미도 알아낼 수 있을 겁니다.

이를테면 amorphous라는 단어가 있어요. 유리나 플라스틱의 구조를 뜻하는 용어로서 '형태가 없는 상태'를 뜻하는데, 'a-' + 'morph' + '-ous' 세 부분으로 이루어져 있습니다. 그중 'a-'는 asocial(비사교적인), amoral(비도덕적인) 등에서 쓰이듯 '~이 결여된 상태'를 뜻하는 접두사이고, '-ous'는 famous(유명한), humorous(재미있는)에서와 같이 형용사를 만드는 접미사입니다. 이를 바탕으로 핵심 부분인 'morph'가 '형태'를 의미한다는 걸 미루어 짐작할 수 있습니다. 나아가 morphology가 '형태에 대한 학문'이라는 것도 추리해낼 수 있죠. 이 용어는 언어학에서 단어의 내부 구조를 연구하는 분야인 '형태론'을 가리킵니다.

이와 비슷한 형태의 morpheme라는 단어는 역시 언어학에서 '형태소'를 가리키는 용어입니다. 'morph'와 '-eme'이 합쳐진 단어죠. 형태소란 한 언어에서 더 이상 분해할 수 없는 가장 작은 의미의 단위를 뜻합니다. dog처럼 하나의 단어일 수도 있고, untrue의 'un-' 같은 접두사나 cats의 '-s', walked의 '-ed', unify의 '-ify' 같은 접미사 등 단어보다 작지만 나름의 뜻을 갖고 있는 요소일 수도 있죠. 그러므로 amorphous에서는 'a-', 'morph', '-ous'가, morpheme에서는 'morph'와 '-eme'가 각각 형태소인 셈입니다.

위의 예처럼 형태소를 파악해 단어를 쪼개보고 이미 알고 있는 지식과 연결해보면, 난생 처음 보는 단어도 의미의 실마리를 찾을 수 있고 단어들 사이의 연결고리도 알 수가 있습니다. 새로운 단어라고 해서 일일이 다 외울 필요는 없는 겁니다. 단어의 핵심, 형태소의 세계에 오신 것을 환영합니다.

09

단어를 다 외울 필요가 없는 이유

『악마의 사전The Devil's Dictionary』이라고 들어보셨나요? 미국 작가 앰브로스 비어스가 엮은 단어 사전인데요. 종교, 역사, 예술 등 다양한 주제에 걸친 2,000여 개 단어를 해학과 신랄함을 더해 재해석한 것으로 유명합니다. 예를 들면 이런 식이죠.

friendship : A ship big enough to carry two in fair weather, but only one in foul.

우정이란 날씨가 좋은 날은 두 사람이 탈 수 있으나, 날씨가 나쁜 날은 오직 한 사람밖에 탈 수 없는 크기의 배.

한편 '사전'에 대해서는 다음과 같이 정의해 놓았습니다.

dictionary : A malevolent literary device for cramping the growth of a language and making it hard and inelastic. This dictionary, however, is a most useful work.

사전이란 한 언어의 성장을 저지하고 그 언어를 고정되고 융통성 없는 것으로 만들기 위해 고안된 문필과 관련된 고약한 장치. 그러나 이 사전은 아주 유용한 저작물이다.

마치 사전만 달달 외울 경우의 폐해에 대해 경고하는 독설처럼 들립니다. 자신이 만든 이 사전은 유용하다고 자랑하고 있지만 이마저도 냉소적인 말이 아닐까 싶을 정도입니다.

영어는 대체 왜 그런가요

하지만 외국어인 영어를 배우는 우리는 기존 사전을 참고하여 단어 지식을 얻을 수밖에 없습니다. 언어는 그것이 사용되는 지역이나 집단별로 조금씩 다르고 시대에 따라 변화하기도 하지요. 그래서 사전은 객관성을 확보하려는 노력으로 예문과 용례를 수집해 제공합니다. 그렇게 우리는 사전에서 단어를 찾을 때 발음, 의미, 품사, 예문 등을 확인하는 과정을 거칩니다.

이번 장에서는 단어의 의미를 찾아볼 때 형태소를 분석해 그 뜻을 짐작해보는 방법에 대해 좀 더 이야기해보려 합니다. 형태소란 한 언어에서 어떤 의미를 내포하는 가장 작은 단위라고 앞 장에서 설명했지요. 그것이 무엇인지 분석하다 보면 관련 단어의 뜻을 효율적으로 파악하고 기억할 수 있습니다. 단어를 내 것으로 만든다는 것은 머릿속에 사전을 만드는 일입니다. 어쩌면 비어스처럼 '나만의 사전'을 만드는 일이지요.

단어는 하나 이상의 형태소로 구성된다

모든 언어에서 단어는 크게 두 종류로 나뉩니다. 영어의 강세에 대해 설명하며 이야기했듯이 일반적인 단어들인 go, school, run, fresh, bottle 같은 내용어와 문법적인 기능이 두드러지는 an, but, to, I, you, that 같은 기능어입니다. 영어의 기능어는 관사, 전치사, 대명사, 접속사 등인데 전체 어휘에 비해 수가 적고, 쉽게 늘어나거나 사라지지 않습니다. 우리가 외우려고 노력하는 단어들은 거의 다 내용어이고 여기에는 명사, 동사, 형용사, 부사가 포함됩니다. 그런 단어들이 대체로 어떤 구조를 갖고 있는지 분석해볼까요?

1개 형태소	dog, water, boy, do, large, help, run
2개 형태소	dogs, walked, boyfriend, undo, hardly, firework, sleepwalk, sleepy
3개 형태소	unfriendly, international, unexpected, luckily
4개 이상 형태소	ungentlemanliness, impersonality, industrialization

단어의 뿌리가 되는 형태소를 '어근root'이라고 합니다. dog, run처럼 그 자체로 단어일 수 있고, boyfriend, sleepwalk처럼 두 개의 어근이 합쳐져 하나의 합성어가 될 수도 있으며, boyish, sleepy처럼 어근에 접사가 붙어 파생어가 될 수도 있죠. 접사에는 접두사, 접요사, 접미사 등이 있는데, 새로운 단어를 만드는 파생접사 그리고 복수형의 -s나 과거형의 -ed 같은 굴절접사가 있습니다. 굴절접사는 문장을 만들 때 적용되므로 새로운 단어를 만들지는 않습니다. 반면 파생어를 만드는 과정에는 여러 접사를 첨가할 수 있고, 이때 순서와 위계가 있습니다.

형용사형인 personal이 만들어져야 여기에 부정의 접두사 im-이 올 수 있고, personal이라는 형용사형에만 부사형어미 -ly를 붙일 수 있습니다. 일반적으로 명사에는 im-이 붙을 수 없으므로 *imperson을 만들 수 없고, 형태소를 순서대로 붙여야 하기 때문에 *personly도 만들 수 없습니다. 아래 그림에서 personally의 구조를 보세요. 이러한 파생 규칙은 여러 단어에 널리 적용됩니다.

예를 들어 beautification와 glocalization은 신조어인데, 형태소를 나누어 분석해보면 뜻을 짐작할 수 있습니다. 'beauty'+'-ify'+'-cation'(단, *beautificate는 단어가 아닙니다)은 '아름답게 만들기'를 의미하고, 'glo(bal)'+'local'+'-ize'+'-ation'은 '세계화와 현지화를 동시에 추구하기'를 의미한다고 예측해볼 수 있죠.

아주 쉬운 단어들이라 이미 알고 있겠지만, unhappy(불행한), impossible (불가능한) 같은 단어의 의미는 un-, im-이 not의 의미를 갖는 접두사라는 점을 알고 happy(행복한)와 possible(가능한)의 뜻을 알면 굳이 사전을 찾을 필요가 없습니다. 또한 형용사형 어미 –ic, –able이나 명사형 어미 –ship, –tion 등을 알고 있다면, heroic(영웅적인), believable(믿음직한), friendship(우정), rotation(회전) 등은 사전을 찾아

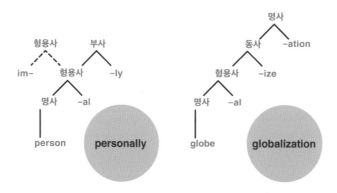

보거나 따로 외우지 않고도 기존의 단어 지식과 연결해 확장할 수 있습니다. 파생어의 원리를 알고 어근과 접사들에 대해 알아두는 것이 중요한 이유입니다.

단어가 만들어지는 규칙

문장 속에서 3인칭 단수의 -s, 분사형 -en, 진행형의 -ing 같은 굴절접미사가 붙어서 형태가 조금 달라진 단어들의 원형을 찾아낼 때에도 형태소 분석은 유용합니다. 조금 긴 합성어와 파생어를 이해하는 데도 마찬가지고요. 합성어compounds는 어근이 둘 이상 결합한 단어이고 파생어derived words는 어근에 접사가 붙어 만들어진 단어죠. 다음 예를 보세요.

굴절어미가 붙은 경우	cat**s**, fin**er**, fin**est**, talk**s**, walk**ed**, sleep**ing**, tak**en**
합성어	firework(fire+work), stopover(stop+over), strawberry(straw+berry)
파생어	impossible(im+possible), unlikely(un+like+ly), boyish(boy+ish)

특히 수준 높은 단어들은 여러 개의 형태소로 이루어진 단어들이 많기 때문에 형태소에 관한 지식은 꽤 유용합니다. 다음 예를 보세요.

im–	imbalance, immaculate, immortal, impossible
in–	inanimate, independent, inefficient, intolerant
in–([iŋ]으로 발음)	incapable, incongruent, incredible, ingratitude
il–	illegal, illimitable, illogical, illiterate
ir–	irrelevant, irrational, irreconcilable, irresponsible

사실 위의 네 접두사는 뜻이 모두 not(-하지 않은)의 의미를 지니는, 근본적으로 하나인 접두사입니다. 모음 i 다음에 오는 비음 소리가 뒤에 오는 단어의 첫소리에 어울리도록 조음 방식이 비슷한 소리들로 바뀌었을 뿐이죠. 이를테면 im–은 [m]과 조음점이 같은 [m], [b], [p](mortal, balance, possible) 앞에 왔고 [iŋ](in으로 적지만)은 오직 연구개음velar sound 인 [k], [g] 앞에서만(congruent, gratitude) 사용됩니다. 나머지 환경에서는 in–이 사용됐고요. 유음의 경우에는 /r/과 /l/로 시작하는 단어에 딱 맞게 사용됐습니다. 이와 달리 부정의 의미를 갖는 또 다른 형태소 un–은 뒤에 오는 단어의 첫소리에 맞추어 형태를 바꾸지 않으면서 더 자주 쓰입니다(unaware, unavailable, unbelievable, unclear, unfair, unsophisticated, unsystematic 등).

이처럼 단어가 활용되는 패턴을 파악하면 복잡한 단어를 이해하는 '어휘력'이 발달합니다. 예를 들어 '형태'라는 뜻을 지니는 영어 단어 'form' 하나를 통해 알 수 있는 단어가 얼마나 많은지 보시죠.

다음 그림처럼 단어가 만들어지는 규칙을 파악하면, 따로따로 외우지 않고도 수많은 단어의 관계를 그려볼 수 있습니다. 주요 단어 300개

만 이런 식으로 공부하면, 단어를 보는 순간 의미를 유추하는 실력이 훌쩍 자랄 겁니다. 장 말미에 자주 쓰는 접두사와 접미사를 요약해 두었으니 이 형태소들을 참고로 어휘를 확장하는 데 활용하시면 좋겠습니다.

지금 여기는 아무데도 없다

사람들이 즐기는 언어유희에도 이런 형태소 구성의 원리가 숨어 있습니다. 배우 오드리 헵번은 다음과 같은 인상적인 말을 남겼죠.

Nothing is impossible. The word itself says, "I'm possible!"
불가능이란 없다. 불가능이란 단어도 '나는 가능하다'고 외치고 있으니까이 문장에서 impossible은 im-과 possible이 결합해서 만들어진 파생어로, possible의 반대, 즉 '불가능하다'는 뜻입니다. 그런데 헵번은 접두사 im-이 I am을 축약한 I'm('나는 ~이다'라는 의미)과 스펠링이 같다는 점(소리는 [im]과 [aym]으로 다르지만 무시하고)에 착안해 "불가능이란 단어도 '나는 가능하다'고 외치고 있다"고 강조했네요.

미국의 록밴드 시크릿 머신도 비슷한 언어유희를 보여주었죠. 첫 앨범 타이틀곡에서 no+where의 구조를 가진 합성어 nowhere를 일부러 틀리게 now+here라고 해석한 겁니다.

Now here is nowhere.
지금 여기란 아무 데도 없다.

이 록밴드는 '지금 여기란 아무 데도 없다'면서, 당시 테러와의 전쟁을 선포하고 이라크에 군대를 파병한 미국 사회에 사는 허무를 노래했습니다. 그런데 같은 단어를 활용한 또 다른 언어유희도 있습니다.

Heaven – as you call it – is nowhere. Let's just put some space between the w and the h in that word and you'll see that heaven is now here.
당신이 기대하는 천국은 아무데도 없다. 그 단어의 w와 h 사이에 약간의 여백을 두자. 그러면 당신은 천국이 지금 여기임을 알 것이다.

이것은 『신과 나눈 이야기Conversations with God』의 저자 닐 월시의 긍정적인 생각을 엿볼 수 있는 문장입니다. 록밴드가 허무를 본 자리에서 신을 만났다고 믿는 사람은 희망을 봤네요.

같은 단어를 바라보는 시선에도 이 같은 차이가 드러나다니, 역시 세상만사는 내가 어떻게 보는가에 달렸다는 말이 사실인가 봅니다. 갈피를 못 잡는 혼란스러운 마음을 '지금 여기'에 잡아두는 방법으로 '마음 챙김mindfulness'이 요즘 유행이지요. '지금 여기'는 엉어로 'here and now'의 순서로 씁니다. 아마 'now (and) here'라고 썼다가 'nowhere'가 되어버릴까 걱정해서가 아닐까 문득 생각해보았습니다. 누구도 미래를 예측할 수 없는 삶이지만 모두들 지금 여기에 마음의 뿌리를 잘 내리시기 바랍니다.

자주 쓰는 접두사

a–	결여된	asocial, amoral, apathetic, asexual, asymmetry
ante–	앞의	antecedent, anterior, anticipate, antedate
anti–	반대의	anti-aging, antiseptic, anti-acid, antiproton, antimissile
auto–	자동의, 자율적인	autocrat, automobile, autobiography, autopilot
bene–	좋은, 적절한	benign, benefit, beneficial, benefactor, benevolent
bi–	두 개의	bicycle, bilingual, binocular, bicentennial, bipolar
circum–	둘러싼	circumstance, circumscribe, circumspect, circumnavigate, circumlocution
de–	아래로	decrease, descend, deposit, deduce, deduction
dis–	멀어짐	dismiss, distract, dispose, distort, disturb
equi–	평등한	equivocal, equivocate, equilibrium, equivalent
ex–	밖으로	except, expel, export, exterminate, extremity
eu–	좋은, 잘	euphemism, euphony, euphoria, euthnasia
mal–	나쁜	malnutrition, malady, malicious, malfunction
mis–	잘못된	misfortune, mismatch, misnomer, mishap, misspell
mono–	하나의	monologue, monolithic, monopoly, monogamous
multi–	여러 개의	multiple, multi-purpose, multi-color, multinational
omni–	모두	omnipresent, omnivorous, omnipotent, omnibus
pre–	앞의	preposition, preschool, predict, prepare, precaution
post–	뒤의	postpone, postposition, postscript, postseason
re–	다시	revive, reiterate, redo, repeat, return, renovate
sub–	아래의	subway, submarine, subset, subsequently, suburb, subconscious, subscribe
super–	위의, 뛰어난	supervisor, superficial, superintendent, superstition

semi-	절반의	semiconductor, semicolon, semifinal, semiformal
syn-	함께	synthesis, synthetic, synchronize, synopsis, syndicate
trans-	다른 것과 연결 짓는	transfer, transition, translation, trans-gender
tri-	세 개의	triangle, triple, triplet, trident, trio, triennial
uni-	하나의	universe, uniform, unicorn, unique, unisex, unite, united, unitary, unify, unification

자주 쓰는 접미사

-ate	-으로 변하다	activate, annotate, create, eradicate, insulate
-er	-하는 사람	teacher, treasurer, preacher, runner, talker, speaker
-ful	-로 가득한	beautiful, handful, hopeful, lawful, peaceful, skillfull, spoonful, thankful
-ify	-하게 만들다	clarify, classify, justify, nullify, qualify, rectify, unify
-ive	-한 성격의	active, attentive, creative, informative, inquisitive
-ize	-하게 만드는	idolize, legalize, rationalize, realize, terrorize
-ly	-하게	gaily, happily, knowingly, quickly, slowly, softly
-ment	-임, -함	achievement, argument, development, encouragement, payment, settlement
-ness	-한 성격, -함	freshness, goodness, happiness, uniqueness
-ship	-의 자격, 입지	citizenship, friendship, hardship, membership, ownership, scholarship, township
-tion	-임, -함	fertilization, nationalization, realization, unification
-ward(s)	-의 방향으로	afterwards, backwards, leftward, onward, toward

10

날마다 새로 태어나는 단어들

작은 뚱보 토끼가 회중시계를 보며 허겁지겁 뛰어가고 그 뒤를 앨리스가 쫓아갑니다. 〈이상한 나라의 앨리스〉의 한 장면입니다. 주인공 앨리스는 애니메이션과 영화 등 여러 이미지로 우리에게도 친숙한 캐릭터죠. 하지만 소설을 제대로 읽어본 분은 많지 않아 보여요. 누구나 알지만 아무도 끝까지 읽지 않은 책, 그야말로 고전이지요. 사실 루이스 캐럴이 쓴 소설을 직접 읽으려고 책장을 넘기다 보면 꽤나 골치가 아픕니다. 수많은 패러디와 언어유희, 그리고 상징들이 담겨 있기 때문이지요. 아는 만큼 볼 수 있는 작품이랄까요. 이 책에서는 소설 말고 애니메이션 가운데 제가 기억하는 인상적인 대목을 소개할게요.

March Hare: A very merry unbirthday to me and to you!

Mad Hatter: Now, statistics prove that you have one birthday. Imagine, just one birthday every year.

Mad Hatter: Ah, but there are three hundred and sixty four unbirthdays!

March Hare: Precisely why we're gathered here to cheer.

Alice: Then today is my unbirthday, too!

3월 토끼 : 당신의 비생일을 축하해요.

이상한 모자 아저씨 : 자 통계에 따르면, 당신에게는 한 번의 생일이 있지요. 상상해봐요, 매해 단 하루의 생일이라뇨.

영어는 대체 왜 그런가요

이상한 모자 아저씨 : 아, 그러나 364일의 비생일이 있네요!

3월 토끼 : 바로 그래서 우리가 여기 모여 축하를 하는 거죠.

앨리스 : 그렇다면 오늘이 저의 비생일이기도 해요.

이것은 소설 『이상한 나라의 앨리스Alice's Adventures in Wonderland』의 후속편인 『거울 나라의 앨리스Through the Looking Glass』의 이야기에서 힌트를 얻어 만든 장면입니다. 양복 입은 3월 토끼와 이상한 모자 아저씨가 지나가던 앨리스를 초대하고, 예쁜 주전자들을 가득 채워 티파티를 벌입니다. "나의 비非생일을 축하해요 … 너도 혹시 오늘이 비생일이라면, 역시 축하해!" 하고 노래하면서요. 디즈니 영화사가 1951년에 앨리스의 이야기를 애니메이션으로 만들 때 신나는 노래로 삽입해서 〈The Unbirthday Song〉이라는 제목으로 대중에게 널리 알려졌지요.

사실 unbirthday는 영어에서 흔히 만들어질 수 있는 단어가 아닙니다. 군이 우리말로 옮기자면 '비생알'이라고 할 수 있는데, 우리가 부정의 의미로 알고 있는 접두사 un-은 형용사와의 결합에서 자주 보이며, 명사와는 거의 결합해 쓰이지 않지요.

새 단어를 만드는 방식에는 언어별로 나름의 규칙이 있으면서도 보편적인 면이 있는데, 우리말에도 unbirthday 같은 단어는 드물다고 할 수 있습니다. 파렴치한 범죄를 보면 "비인간적인 범행이다"라고 말하지만, 범인을 가리켜 "이런, 비인간!"이라고는 하지 않는 것을 보면, 접두사를 아무렇게나 붙여서 새 단어를 만들 수는 없음을 알 수 있지요.

un + 형용사	'not'의 의미	unhappy, untrue, unwise
un + 명사	(쓰인다면) 'not'의 의미	unbirthday, unfaith, unrest
un + 동사	'reverse'의 의미	undo, undress, unwind

접두사 un-을 birthday라는 명사에 붙여 unbirthday라는 새로운 단어를 만드는 일은 흔치는 않지만 '가능한 단어'이긴 하기에 만들 수 있었을 겁니다. 언어는 기본적으로 구성원들 간의 사회적인 약속이지만 규칙을 깨는 일도 얼마든지 가능합니다. 언어는 우리 삶과 문화 속에서 함께 살아가는 생명체와 같은 존재이고, 그 생명력은 상상력과 창의력으로 빛을 발하니까요.

새로운 단어는 어떻게 만들어질까?

모든 존재에는 이름이 있다지만, 많은 사물이나 장소 그리고 사람의 이름도 처음에는 새로 만들어졌을 겁니다. 언어의 소리 규칙에만 맞으면 새로운 단어의 탄생은 얼마든지 가능하죠. 세상에 없던 이름 Adobe, Kodak 같은 브랜드가 그렇게 탄생했습니다. 대체로는 하늘 아래 새로운 것은 없다는 말처럼, 기존 단어를 활용해서 새 이름이 만들어지곤 합니다. 언어 속에 새로운 단어가 생기는 주요 방법 몇 가지를 살펴볼까요?

다른 언어에서 빌려오기 가장 손쉬운 방법은 다른 언어에서 단어를 빌려오는 것입니다. 한국어도 테스트(영어), 빵(포르투갈어), 카페(프랑스어), 오뎅(일본어) 등 많은 단어를 다른 언어로부터 빌려와 쓰고 있습니다. 이 같은 '차용어'의 수효는 영어가 훨씬 더 많습니다. 영어 어휘 중 무려 70%가 다른 언어에서 빌려왔거나 빌려서 살짝 바꾼 단어들이거든요. 사용 빈도가 높은 기본적인 영어의 어휘는 게르만어 계통이지만 30% 미만에 그칩니다. 어원을 따져보면 영어에는 로망스어(라틴어와 프랑스어)에서 유래한 단어가 60%에 이를 정도로 더 많습니다.

지금도 수많은 단어들이 영어권에서 영어인 것처럼 사용되고 이러한 단어들이 영어의 어휘로 빠르게 편입되는 예를 쉽게 찾아볼 수 있습니다. 영어 화자들은 별로 거리낌 없이 식민지 개척 시대에 인도의 힌디어에서 jungle, pajama, shampoo 등을 받아들였고, 최근에는 한국어의 kimchi(김치)와 taekwondo(태권도)를 수용했죠. 브랜드 이름을 만들 때도 이 방식을 씁니다. 예를 들어 Uber는 독일어에서 '최고'라는 뜻이고, Xerox는 '건조하다, 말리다'라는 뜻의 그리스어 단어 xeros에서 어미를 바꾼 것입니다.

이리저리 합쳐보기 다른 언어에서 빌려오지 않고도 새로운 단어를 만드는 가장 흔한 방법은 파생derivation과 합성compounding입니다. '파생어'는 un+true나 atom+ic처럼 어간에 접사(접두사나 접미사)를 붙여서 만듭니다. '합성어'는 home+work처럼 어근이나 단어들을 합쳐 만들지요.

이 두 가지를 합쳐서 '복합어'라 부르기도 합니다.

요즘 예로는 smart와 다른 단어가 결합한 smart phone(스마트폰), smart watch(스마트워치) 같은 합성어가 있습니다. 이들을 아직은 떼어서 쓰지만 wild life 〉 wild-life 〉 wildlife의 사례와 같이 점점 결합이 강해지면 붙어서 한 단어가 될 수도 있습니다. 접두사 e-를 붙인 e-mail(이메일), e-commerce(이커머스)처럼 K-를 붙인 K-pop(케이팝), K-food(케이푸드), K-fashion(케이패션) 같은 파생어도 점점 더 자주 눈에 띕니다.

2020년 코로나 대유행 속에 우리나라 사람들이 untact(언택트)란 말도 만들었지요. untact는 기존의 intact 혹은 contact에서 접두사를 바꾸어 만든 파생어로 볼 수 있습니다. 본래 이들은 접두사 in-(not의 의미), con-(together의 의미)과 라틴어 tactus가 결합된 단어입니다. 라틴어 tactus는 tangere의 과거분사형으로, 영어로는 touch와 같은 의미죠. 이때 un-도 not의 의미이긴 하지만 뉘앙스가 살짝 다릅니다. 즉 intact의 의미는 '손대지 않은, 다치거나 망가지지 않은' 정도의 뜻인 데 반해, untact는 '처음부터 접촉이 없는'이라는 새로운 의미로 쓰인 거니까요.

새로운 단어가 만들어져서 여러 사람들의 선택을 받으면 널리 사용됩니다. 물론 사용이 제한될 경우도 많습니다. 이를테면 언택트라는 단어는 한국에서만 주로 쓰입니다. 영어권에서는 대신 zero contact, non-contact 등이 쓰이죠. 한국에서는 노트북이나 핸드폰이라는 단어가 널리 쓰이지만, 영어권에서는 각각을 laptop computer와 cell(혹은 cellular) phone, mobile phone 등으로 부르는 것 역시 비슷한 상황이지요.

짧게 자르거나 잘라서 합치기　조금 길다 싶은 단어를 짧게 줄인 것, 즉 math(‹mathematics)나 gym(‹gymnasium)을 '절단어clipping'라고 하는데 어떤 것은 줄인 줄도 모르는 채 쓰게 됩니다. 끝 부분을 남긴 bus(‹omnibus)나 van(‹caravan), 중간 부분을 남긴 flu(‹influenza)가 그렇죠. 주유를할 때 gas를 넣는다고 하면 천연가스 충전이라고 생각할 수도 있지만, 이것 역시 gasoline을 자른 말입니다. 한편 단어에서 일부를 잘라서 합친 brunch(‹breakfast+lunch), liger(‹lion+tiger), podcast(‹ipod+broadcast) 같은 단어들도 있는데, 이들은 '혼성어blends'라고 합니다.

기존 단어에서 유추하기　기존 단어 만들기 과정을 유추해서 새 단어를 만들어내는 경우도 있습니다. 예를 들어 sing-singer, write-writer, act-actor 등 동사로부터 명사가 만들어지는 과정에서 거꾸로 유추하여, editor, beggar, burglar, peddler 등의 명사로부터 edit, beg, burgle, peddle 같은 동사가 만들어졌다고 합니다. 이런 경우를 '역형성어back-formation'라고 하는데 그 수가 많지는 않습니다. greed(‹greedy), donate(‹donation), televise(‹television), bling(‹bling-bling), air-condition(‹air-conditioner)을 예로 들 수 있습니다.

　요즘에는 새로운 개념이 등장한 탓에 멀쩡하게 잘 사용하던 단어를 길게 늘여 써야 할 경우가 있습니다. 우편으로 보내라는 말을 e-mail과 구별하기 위해 굳이 일반우편을 의미하는 regular mail, snail mail 등으로 써야 하거든요. 이런 단어들을 '레트로님retronym'이라고 하는데 아직까지는 한국어로 마땅한 번역어가 없어 보이네요.

고유명사에서 가져오기 고유명사에서도 새로운 단어가 만들어집니다. 한국어에도 수입된 단어 sandwich는 18세기 영국 백작의 이름이었습니다. 그가 노름할 때 식사 시간을 절약하고 싶어 만들어 먹던 음식인데 지금은 빵 사이에 이것저것을 넣고 만든 간편식을 일컫는 말로 널리 쓰이고 있죠. 그밖에도 놀이용 원반을 가리키는 frisbee는 미국 코넷티킷 주의 제과점이었던 Frisbie Pie Company의 이름에서, 산양의 털로 짠 부드러운 직물을 뜻하는 cashmere는 인도 Kashmir 지역의 이름에서 유래했습니다.

또한 jumbo는 1800년대 후반 영국과 미국의 서커스에서 유명했던 코끼리의 이름이었는데요. 아프리카 수단 태생인 이 코끼리는 키가 4미터나 되었고, 만화영화 〈아기 코끼리 덤보Dumbo〉에도 등장했습니다. 지금은 jumbo jet, jumbo olive처럼 '크다'는 의미를 가진 보통의 형용사로 쓰입니다.

머리글자를 따서 줄이기 수많은 신조어 가운데 최근 가장 큰 비중을 차지하는 것은 여러 단어에서 첫소리를 따서 줄인 '어두음 축약어'입니다. 보통 두 종류로 나뉘는데요. NASA(National Aeronautics and Space Administration), SARS(Severe Acute Respiratory Syndrome), COVID(Corona Virus Disease)

처럼 축약된 철자를 하나의 단어처럼 발음하는 어두음 축약어와 UN(United Nations), MIT(Massachusetts Institute of Technology), AKA, A.K.A., aka, a.k.a.(also known as)처럼 어두의 알파벳을 따서 하나씩 발음해야 하는 알파벳 축약어입니다.

어두음 축약어 중에는 PIN(personal identification number), laser(light amplification by stimulated emission and radiation), radar(radio detecting and ranging)처럼 어떤 말을 줄였는지 모르게 보통 단어처럼 쓰는 것들도 있습니다. 두 경우로 다 쓰이는 것도 있어서, asap/ASAP(as soon as possible)이나 lol/LOL(laugh(ing) out loud)은 원래 알파벳 축약어이지만 요즘에는 각기 [eisep], [lɔl]로 발음하기도 하죠. 요즘은 이런 축약어들이 자고 일어나면 생겨나는 것 같습니다.

제가 가장 최근 들어본 어두음 축약어는 MECE(Mutually Exclusive and Collectively Exhaustive)입니다. 경영전략 용어로 중복과 누락을 없애기 위해 사용한다는데 [misi]라고 읽더군요. 그러고 보니 우리말의 '깜놀', '공수처' 같은 단어도 어두음 축약어의 한 종류라고 할 수 있겠네요.

민간 어원 본래의 단어를 화자들이 자신들 방식으로 오해해서 새로운 단어의 어원이 되기도 합니다. 이를 민간어원folk etymology이라고 하지요. 예를 들어 hamburger는 본래 독일 함부르크Hamburg 지방의 요리를 뜻해서 붙여진 이름인데요. 이것을 ham+burger로 잘못 분석해서 cheeseburger, fishburger, chickenburger 등의 새 이름이 생겨나고,

한국에 들어와서는 불고기버거, 새우버거, 싸이버거thighburger가 만들어 졌죠. 이제는 본래 있지도 않았던 ham을 아예 떼어내고 그냥 burger라 는 단어도 자주 씁니다. 그러고 보니 햄버거 체인점 Burger King이 등 장한지도 오래되었네요.

민간어원에 의해 만들어진 다른 예로는 napron이 부정관사와 함께 a napron이라고 사용되다보니 an apron과 헷갈려서 아예 apron이 되어 버린 것, 프랑스어인 chase longue(long chair, 긴 의자)가 chase lounge(라 운지체어)로 변한 것 등이 있습니다. 한국어에서 아이돌(〈idol〉)을 '아이+ 돌'로 잘못 분석해 군인돌, 짐승돌 따위의 단어가 만들어진 것도 원래 영어에서는 독자적인 의미가 없는 '돌'이 형태소처럼 사용된 민간어원의 예라고 할 수 있습니다.

당신의 unbirthday를 축복합니다!

새로운 단어를 만드는 여러 방법에 대해 알아보고 나니, 루이스 캐 럴의 독창성에 대해 다시금 생각해보게 됩니다. 예술가다운 창의성과 과감함은 세상을 보다 특별하게 보도록 도와주죠. 일반적인 방식에서 벗어나는 새로운 단어는 확실히 주목을 끄는 효과가 있습니다. 1970년 대 전후 세븐업7UP은 코카콜라Coke와 펩시Pepsi가 장악한 음료 시장에서 'uncola'라는 단어를 내세운 광고 캠페인을 통해 브랜드 이미지를 성공적으로 각인시킨 적이 있습니다.

그런 맥락에서 unbirthday를 언어학적으로 분석해보는 언어학자의 시선을 잠시 거두고 이런 생각을 해봅니다. 어쩌면 저 단어를 통해 캐럴은 생일이라는 의미가 새겨진 단 하루만 축복하는 데에 의문을 제기한 건 아닐까요? 생일이 아닌 나머지 364일 또한 더없이 소중한 날들이니까요. 서로의 unbirthday를 축하하자는 말을 통해, 우리의 매일 매일이 축복받아 마땅한 날임을 일깨워주는 언어의 힘에 대해 다시 생각해봅니다. 이 구절을 읽고 있는 당신에게도 혹시 오늘이 unbirthday가 아닌지요? 아무쪼록 행복한 unbirthday가 되기를 바랍니다.

11

다의어와 동음어 공략하기

Q. Why did the teacher wear sunglasses?

A. Because his students were so bright.

Q. The novice driver smiled at a note on the dashboard. Why?

A. Because it said "Parking Fine."

이 농담을 이해하고 웃었다면 여러분은 영어 실력에 자부심을 느껴도 좋습니다. 한 단어가 문맥에 따라 여러 의미를 지닌다는 중요한 사실을 간파하고 있기 때문입니다. 선글라스를 낀 이유가 학생들이 너무 '밝고 환해서'인지 '똑똑해서'인지는 아마 선생님만이 아실 테죠. 안타깝게도 초보 운전자는 '주차를 잘했다'는 의미인지 '주차 위반(벌금)'이라는 의미인지 아직 모르는 것 같네요.

단어 익히기의 어려움 하나: 다의어와 동음어

영어의 다의어와 동음어는 이처럼 재미를 주기도 하지만, 단어를 익히는 데 어려움을 주기도 합니다. 다의어와 동음어는 모든 자연어에 존재하는 자연스러운 현상입니다. 한국어에도 동음어가 많아서 이를 배우는 외국인들이 괴로움을 호소하죠. 눈(시각기관/겨울에 내리는 눈), 배(물 위의 교통수단/과일/인체 부위), 밤(어두운 밤/먹는 밤) 의사(의견/병을 고치는 사람/

의로운 일을 한 사람), 부인(아내/사실을 부정함) 등 참 많기도 합니다.

'다의어'는 한 단어가 여러 뜻을 지니는 경우인데, 어원이 같아 기본 의미를 공유하므로 달라진 의미들 간에 관련성도 깊습니다. 예를 들어 face는 '얼굴'뿐 아니라 '단면' 혹은 '~을 향하다'의 뜻이기도 하고, leech는 '빨판으로 피를 빨아먹는 거머리'이면서 '그런 부류의 사람, 즉 아첨하고 사욕을 챙기는 사람'을 뜻하기도 하죠. 흔히 쓰는 단어 good은 '좋다, 잘했다'는 의미 말고도 '착하다, 괜찮다, 도덕적이다'와 더불어 명사로 '이익, 선善' 등 여러 뜻이 있습니다.

'동음어'는 다른 어원과 의미를 지닌 단어들이 우연히 소리가 같아진 경우인데, 철자는 같을 수도 있고 다를 수도 있습니다. 이를테면 trunk는 명사로 '코끼리 코' '여행가방' '짧은 속바지' '(나무) 큰 줄기' 등 각각 전혀 다른 뜻을 지니는데, 어원은 다르지만 우연히도 소리와 철자가 같은 동음어입니다. bear도 '곰'이라는 명사, '참다'라는 뜻의 동사, 그리고 '벌거벗은'이라는 뜻의 형용사 bare가 모두 동음어입니다.

모호한 경우도 꽤 있습니다. 본래 다의어였지만 서로 관련이 없어 보일 정도로 의미가 달라진 경우, 사전에 아예 다른 표제어로 수록되기 때문입니다. 예를 들어 address가 동사로는 '~에게로 향해서 말하다', '호칭하다', '연설하다'는 뜻인데, 명사일 때는 '주소'로 의미가 완전히 다릅니다. '어떤 방향으로 향한 도착점이 곧 주소'라는 의미로 확장된 것이긴 하지요. spell도 동사로는 '글씨(혹은 이름)를 쓰다', '마법을 걸다'라는 뜻이면서 명사로 '마법에 걸린 특정한 기간'을 뜻하고, store도 동사로

'저장하다'라는 뜻이면서 명사로는 '가게, 즉 상품을 쌓아두고 파는 곳'을 뜻합니다. 더우기 present는 '제시하다'라는 뜻의 동사, '현재의'라는 뜻의 형용사, '현재 혹은 선물'을 뜻하는 명사, 이 모두가 어원이 같은 다의어지만 수입된 시기가 다르고 상관관계가 멀어져서 다의어가 아닌 동음어라고 할 정도입니다. 이때 강세의 차이는 영어에서 나타나고 바뀌기도 하는 것이므로 어원과는 크게 상관이 없습니다.

다의어와 동음어는 사전을 찾아봐도 구분하기 어려운 경우가 꽤 있습니다. 사실 두 현상을 나누는 유일한 기준은 의미들 사이의 관련성에 대한 직관적 판단이며 어원은 참고 사항일 뿐입니다. 그래서 어떤 단어가 다의어인지 동음어인지 꼭 구분할 필요는 없습니다. 다만 단어가 여러 뜻을 가지면 그에 따라 품사와 문장 구조가 달라지는데, 특히 동사의 경우 문장에서 단어를 정확히 사용하는 일이 상당히 까다롭습니다. 동사의 의미적·구조적 중요성에 대해서는 다음에 동사를 다룰 때 더 설명하겠습니다.

단어 익히기의 어려움 둘: 연어 구조

영어 단어 익히기가 어렵게 느껴지는 두 번째 이유는 문장에서 macaroni and cheese처럼 관습적으로 특정한 순서로 쓰여야 자연스러운 단어들이 있기 때문입니다. 이것을 연어 혹은 연어 구조라고 합니다.

연어collocation라는 단어의 형태소 분석을 해보면, co-(같이)+locate(위치하다)+-tion(명사형어미)으로 구성된 단어입니다. 즉 세트처럼 함께 자주 어울려서 쓰이는 단어들의 조합을 뜻합니다. 구동사, 관용구, 경동사가 대표적인 연어 구조를 이룹니다. 이들은 특정한 단어끼리 함께 쓰이면서 원래 각각의 의미와는 아예 달라지기도 하죠.

'구동사phrasal verbs'는 흔히 쓰는 익숙한 동사와 특정한 의미를 갖는 불변화사particles를 결합해 새로운 의미를 표현한 것입니다. 이때 익숙한 단어 둘을 활용하므로 뜻을 미루어 짐작하기가 쉬운 편입니다. 예를 들어, die out(사멸하다), keep on(계속하다), throw up(토하다), take off(이륙하다) 같은 것인데, 본래의 동사 die(죽다), keep(간직하다, 보존하다), throw(던지다), take(얻다, 취하다)와는 뜻이 조금 다르죠. 여기서 동사 다음에 쓰인 단어의 모습은 우리가 알고 있는 전치사와 같지만, 동사에 더해져 부사적인 기능으로 쓰였다고 봅니다. 뒤에 오는 명사나 대명사와 더 가깝게 결합하는 전치사와 구분하는 것이죠. 이처럼 부사, 전치사, 접속사, 관사처럼 형태가 변하지 않는 단어를 통틀어 '불변화사' 혹은 '소사'라고 부릅니다. 구동사에서는 put up with처럼 연이어 두 개의 불변화사가 올 수도 있습니다. 구동사에 대해서는 전치사를 다루는 18장에서 더 자세히 이야기하겠습니다.

'관용구idiom(숙어)'는 give a big hand(박수 쳐주다), kick the bucket(죽다), beat around the bush(요점을 피하고 말을 빙빙 돌린다), (as) like as two peas in a pod(꼭 닮은), rain cats and dogs(비가 억수로 쏟아

지다), piece of cake(쉬운 일, 누워서 떡 먹기) 같은 것을 말합니다. 개별 단어의 뜻만 알아서는 전체 문구의 의미가 바로 짐작되지는 않지요.

게다가 bless you(신의 은총을!)나 sell down the river(심하게 배신하다)처럼 문화적 배경을 알아야 이해되는 것들도 많습니다. "bless you!"는 누군가 재채기를 하면 거의 자동적으로 재빨리 '블레슈' 하고 말해주는 어구죠. "May God bless you!"를 줄인 말로 감기에 걸리지 않도록 신의 은총을 바란다는 뜻입니다. 예나 지금이나 독한 바이러스에 감염되면 죽을 수도 있으니까요. 그리고 sell down the river는 미시시피나 오하이오 강변에 있던 미국 노예 시장에서 비롯한 말입니다. 이곳에서 강을 따라 남부 목화 농장으로 팔려 갔다가는 열악한 조건 때문에 고생하고 죽을 수도 있었던 상황에서 생겨난 의미죠. 이처럼 관용구는 구동사에 비해 낯선 조합인 데다가 내력을 알아야 이해할 수 있어서, 마치 새 단어처럼 익혀야 하므로 부담이 됩니다.

'경동사light verbs'는 용어가 생소하죠? 동사와 명사를 고정해 사용하는 관계를 가리키는데, 예를 들어 '결정한다'는 말을 할 때 make your decision이라고 하지 do your decision이나 get your decision이라고 하지 않지요. 보통 운동이나 게임에 대해 표현할 때도 동사 do, play, go 중 하나를 쓰는데, 자유롭게 선택하는 것이 아니라 정해진 것을 씁니다. 예를 들어 do는 yoga, aerobics, ballet 등 혼자서 하는 운동이나 게임, play는 basketball, soccer, tennis 등 팀 운동, go는 hiking, climbing, skating 등 모든 –ing로 끝나는 운동에 사용하죠. 이렇게 일정한 규칙에 따라 한정적으로 쓰이는 동사를 경동사라고 합니다.

연어는 훨씬 넓은 의미로 pay attention, fast food, make an effort 처럼 습관적으로 같이 쓰는 단어들까지 포함합니다. 연어 구조 역시 어느 언어에나 있습니다. 역시나 종류도 많고 수도 많아서 다의어와 동음어 못지않게 영어를 어렵게 느끼게 하는 요소입니다.

어휘력의 완성은 맥락 읽기와 문장 만들기

이처럼 골치 아픈 다의어나 동음어, 다양한 연어 구조를 어떻게 공략할까요? 효율적으로 익힐 수 있는 비법 두 가지를 추천합니다.

첫째는 단어가 사용된 전후 맥락context을 파악하는 훈련입니다. 그 단어가 사용된 맥락을 보면 대부분의 경우 그 문장에서 가장 적합한 의미가 무엇인지 유추할 수 있기 때문입니다. 이때 가장 먼저 품사를 보아야 합니다. 동사로 쓰인 mean은 '의미하다'라는 뜻이지만, 형용사는 '못된, 저급한' 정도의 뜻이고(You're so mean!), 명사로는 수학에서 '중간 값'(mean value)을 뜻합니다. 분야별로 의미가 다르게 사용되는 단어들도 많습니다. 예를 들어, function, stress, wave 등은 일반적으로는 각각 '기능', '강세, 피로' '흐름, 물결'을 뜻하지만 자연과학 분야에서는 각각 '함수', '압력', '진동(폭)'을 의미하는 용어로 쓰이죠.

요즘 많은 사람이 구글 등 번역기를 이용합니다. 이상한 말로 번역

영어는 대체 왜 그런가요

되는 경우는 십중팔구 맥락을 잘못 짚은 것이더군요. 그것이 기계와 인간 두뇌의 차이가 아닐까요? 인간만큼 눈치 빠른 컴퓨터가 만들어지려면 아직 더 기다려봐야 할 것 같습니다.

둘째는 열린 생각으로 단어의 의미를 파악하려는 자세를 갖는 것입니다. 가장 좋은 방법은 사전을 책 읽듯이 자주 읽어보는 것입니다. 한 단어에 여러 뜻이 있을 수 있고, 구동사나 관용구의 일부일 수 있다는 점을 늘 염두에 두고 접근해야 의미를 제대로 파악할 수 있습니다. 예문은 보통 사전보다 학습자 사전learner's dictionary에 더 많이 나오니 꼭 참고해보세요. 가장 잘 알려진 미리엄 웹스터Merriam-Webster(미국 영어)나 옥스퍼드Oxford(영국 영어) 사전도 좋고, 구phrase를 더 깊이 다루는 사전으로는 맥밀란Macmillan과 롱맨Longman 사전도 괜찮습니다.

맨 처음 퀴즈에 나온 단어 fine을 다시 봅시다. 이 단어는 다의어이자 동음어로 뜻이 여럿입니다. 다음 예문을 보시죠.

I am **fine**, thank you.

나는 잘 지내. 고마워.

What **fine** weather it is today!

오늘 정말 맑고 화창한 날씨네!

Anna is a **fine**-looking lady.

안나는 아름다운 아가씨다.

This sandpaper is **finer** than the other one.

이 사포는 다른 것보다 결이 곱다.

You have to pay your traffic fine in cash.

교통위반 범칙금은 현금으로 내야 한다.

그런데 fine을 '좋다' 혹은 '괜찮다' 정도의 뜻으로만 알고 있다면, 위의 예시 중에서 뒤의 두 문장은 이해할 수 없겠죠. 그래서 다의어와 동음어가 생각보다 많고 하나의 형태가 여러 의미와 연결될 수 있다는 열린 생각을 가져야 합니다. 부지런히 찾아보고 들어보고 읽어보는 만큼 어휘력은 늘어납니다.

하지만 수많은 단어의 의미를 외우고 있다고 해서 영어를 잘하는 것은 아닙니다. 우리는 개별 단어가 아닌 문장으로 대화하니까요. 미국에서 12세 아동이 하루 종일 말하는 단어의 수는 평균 800개 정도라고 합니다. 우리가 그들보다 단어를 더 많이 아는 것이 분명하지만 그렇다고 해서 영어를 더 잘한다고 말할 수 있을까요?

어휘력은 단어를 몇 개나 아느냐가 아니라 단어를 맥락에 맞게 이해하고 사용하는 능력, 꼭 필요한 단어를 활용해 완성된 문장을 만들어 낼 수 있는 능력입니다. 어려운 단어를 많이 알지 못해도 쉬운 단어만으로도 제대로 된 문장을 얼마든지 만들 수 있지요. 그럼 이제 단어를 활용해서 문장을 만드는 단계로 넘어가 보겠습니다.

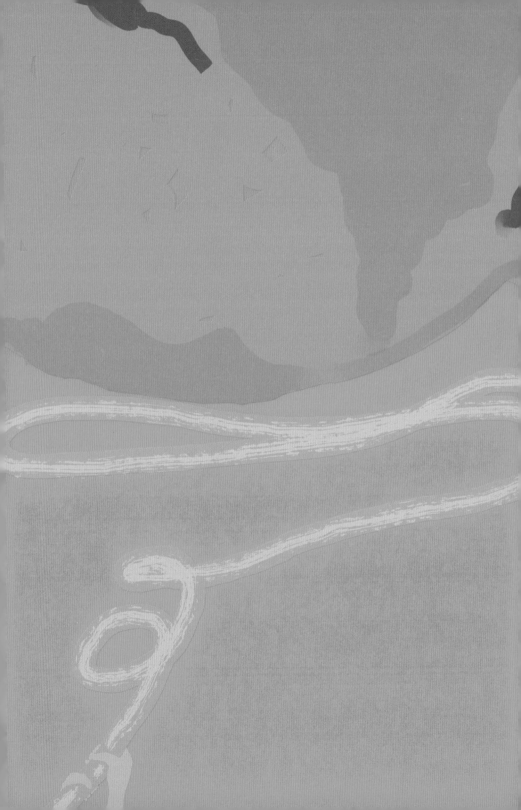

4

작은 변화가
큰 차이를 만든다

—

문장 만들기

12

모든 문장은 동사를 중심으로

영어 작문책의 고전으로 인정받는 『문체의 요소The Elements of Style』에는 좋은 글쓰기의 비결이 다음과 같은 한 문장으로 요약되어 있습니다.

Write with nouns and verbs.

명사와 동사로 문장을 써라.

이 책의 원저자 윌리엄 스트렁크는 "생동감 있는 글은 문장 안에 불필요한 단어가 없고 단락 내에 불필요한 문장이 없어야 한다"고 설명하며, "모든 문장을 짧고 간단하게 만들어야 한다는 말이 아니라, 사용된 단어 하나하나가 존재 이유를 갖도록 글을 써야 한다"고 덧붙입니다.

문장은 어떻게 만들까요? 여러 개의 단어로 만들지만, 아무 단어나 무작정 늘어놓아서는 안 됩니다. 특정한 순서와 약간의 변형이 필요하지요. 간단하고 짧은 문장부터 만들어봅시다.

I smiled.

나는 미소 지었다.

She has come.

그녀가 와 있다.

스트렁크도 말했듯이 문장을 구성하는 기본적인 요소는 많지 않습니다. 사실 단 두 가지, 주어subject(혹은 주부)와 술어predicate(혹은 술부)뿐입니다. 주어가 될 수 있는 요소는 주로 명사이며, 술어에는 반드시 동사가 필요하지요. 그리고 영어와 한국어를 포함한 많은 언어에서 주어 다음에 술어가 따라오는 게 기본 순서입니다. 어순에 따라 언어를 구분해 영어를 SVO언어(Subject–Verb–Object, 즉 주어–동사–목적어 순서), 한국어를 SOV언어라고 하는데, 통계적으로 보면 약 85퍼센트의 언어가 SV의 순서이며, 그중에서 SVO, SOV의 비율이 반반 정도입니다.

영어의 술어에서 동사는 수어의 수나 시세에 따라 형태를 약간 바꾸어 일치를 꾀합니다. 위 문장을 보면 smile이 smiled로 변하면서 과거를 의미하고, have는 3인칭 단수 주어인 she에 맞추어 has로 바뀌었지요. 또한 동사 하나로 완성되지 않고 목적어가 꼭 있어야 하는 동사도 있습니다. 일단 문장이라는 구조에 꼭 채워져야 하는 빈 칸은 두 개임을 기억하세요. "He is studying" 혹은 "Dogs ran"과 같이 주어인 명사 하나와 술어인 동사 하나만으로도 문장은 완성됩니다.

명사와 동사로 문장을 만들어라

그러면 문장이 복잡해지는 이유는 무엇일까요? 우선 하나의 명사나 대명사가 아닌 '명사구noun phrase'가 주어(주부)가 될 수 있고, 마찬가지로 하나의 동사가 아닌 '동사구verb phrase'가 술어(술부)가 될 수 있기 때문입니다. 앞서 잠깐 살펴보았듯이 '구phrase'란 일반적으로 둘 이상의

영어는 대체 왜 그런가요

단어가 모여 의미를 갖추고 문장의 일부를 이루는 단위를 뜻합니다. 하지만 현대언어학에서 문장의 구조를 다루는 분야인 통사론Syntax에서는 단어 수와 무관하게 기능적으로 문장의 구성 성분으로서 문장 구조 내에서 독립적인 위치를 차지하는 경우를 가리켜 '구'라고 부릅니다. 명사구는 주어나 목적어가 될 수 있고, 동사구는 술어가 될 수 있는데, 이들은 아주 간단할 수도 있고 상당히 복잡할 수도 있습니다.

아래 표에 나타냈듯이 단어나 구뿐 아니라 절이 포함되면 문장이 더 복잡해집니다. '절clause'이란 주어와 술어는 갖추었으나 독립하지 않고 문장의 일부 성분으로 쓰이는 단위를 가리킵니다. 예를 들어 보죠. "The fact that I love you will never change no matter what

명사구가 될 수 있는 것들	
단독 명사나 대명사	**Paul** is eating. **They** were kind.
한정사와 명사	**Her book** is nice. **The bus** arrived.
명사와 명사를 수식하는 형용사	**The thick book** is heavy.
명사와 명사를 수식하는 전치사구	**The book on the shelf** is mine.
명사와 명사를 수식하는 절	**The book I gave you** will be useful.
동사구가 될 수 있는 것들	
동사	The wind **blew**. We **ran**.
동사와 목적어인 명사구	He **had lunch**. Paul **loves his dogs**.
동사와 목적어절	Mary **found that he has a boat**.
동사와 동사를 수식하는 부사	He **ran fast**. I **slept well**.
동사와 동사를 수식하는 절	I **joined the team after he recovered**.

happens in the future." 이 문장은 복잡해 보이지만 주어와 술어라는 핵심 요소는 결국 'fact'와 'change' 둘로 수렴됩니다. 이렇듯 구조상 올바른 문장을 완성하거나 의미를 정확히 이해하려면, 주어와 동사를 확실히 파악하는 것이 중요합니다.

동사가 중요한 이유

언어학개론 시간에 질문을 던져보면 문장에서 가장 중요한 것은 주어라고 생각하는 학생들이 많더군요. 하지만 문장에서 가장 중요한 요소는 동사입니다. 주어가 될 수 있는 명사는 설명하는 대상에 대한 정보를 줄 뿐이지만, 술어인 동사는 설명하고자 하는 상황의 전체적 골격을 알려주기 때문입니다. 영어는 특히 동사구 내에서 동사가 맨 앞쪽에 놓여 술부를 이끌어가는 구조입니다. 게다가 앞에서 말했듯이 동사에 문장의 시제(과거, 현재, 미래)나 상(완료, 진행, 완료진행)이 표현되지요. 따라서 문장을 제대로 완성하고 뜻을 잘 전달할 수 있는지의 여부는 동사를 얼마나 확실하게 파악하고 자유롭게 쓸 수 있는지에 달려 있습니다.

주어와 동사만으로는 문장이 완성되지 않기도 하는데, 흔히 타동사라고 부르는 동사들의 경우에는 목적어가 있어야 동사의 의미가 완성되지요. 그래서 동사는 주어보다는 목적어와 더 가깝고, 목적어는 구조상 술어인 동사구의 일부라고 보는 것입니다. 예를 들어 "The dog found the bone"에서 목적어인 the bone은 제대로 된 문장이 되려면 없어서는 안 되는 요소입니다. 여기서 주어 the dog과 동사 found보다는 동사 found와 목적어 the bone을 한데 묶는 것이 더 합당하지요. 동사 found의 대상이 되는 무엇인가가 있어야 술부의 구조와 문장의 의미가 완성되기 때문입니다.

동사와 목적어의 밀접한 관련성을 보여주는 다른 예들도 많습니다. 영어에서는 동사와 목적어가 묶여 관용구idiom로 쓰이는 경우가 그렇습니다. 이를테면, kick the bucket(양동이를 걷어차다=죽다), drop the ball(공을 떨어뜨리다=그만두다 혹은 실수하다), spill the beans(콩을 쏟다=비밀을 누설하다)는 모두 동사와 목적어로 이루어져 있습니다. 관용구에 대해서는 앞서 연어 구조를 설명하며 잠깐 다루었는데, 개별 단어의 뜻만으로는 전체의 의미를 짐작하기 어려운 문구를 말합니다. 관용구의 많은 사례들이 동사와 목적어의 밀접한 관계를 보여주지요. 즉, 문장에서 목적어는 주어와 마찬가지로 명사구의 형태이지만, 동사의 의미를 완성하는 데 필요한 보충어이기에 동사구의 일부라고 간주합니다.

통사론의 이론들 중 하나인 생성문법에서는 초기에 문장 구조를 수식처럼 표현하기도 했는데, 대표적인 것이 'S → NP VP'와 'VP → V (NP)'입니다. 그 의미는 "문장sentence(S)은 명사구noun phrase(NP)와 동사구verb phrase(VP)의 순서로 구성된다" 그리고 "동사구(VP)는 동사(V) 혹은 동사(V)와 명사구(NP)로 구성된다"이지요(규칙에서 괄호 안의 NP는 나올 수도 있고 안 나올 수도 있다는 의미입니다). 즉, 이 이론에서는 이와 같은 간단한 규칙을 통해 복잡다단한 모든 문장이 '생성된다'고 봅니다. 요즘 통사론의 논의에서는 거꾸로 선 나무가 가지를 친 것 같은 '수형도tree structure'를 주로 사용해서 다음과 같이 문장의 내부 구조를 효과적으로 표현합니다.

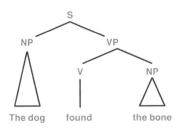

위의 그림 역시 같은 의미입니다. 즉, 문장은 명사구와 동사구라는 하부구조로 구성되며, 이 문장의 경우 동사구는 동사 하나가 아닌 동사와 목적어인 명사구가 결합된 또 다른 하부구조로 구성되어 있다는 뜻이지요.

요약하면, 우리가 단어를 연결해 문장을 만들 때 그냥 나열하는 것이 아니라 어떤 규칙에 의하여 배열한다는 점이 중요합니다. 문장 구조에서 빼놓을 수 없는 주요 구성 성분은 주어와 술어라는 것, 술어에서 핵심은 동사라는 것, 그리고 동사와 목적어는 밀접한 연관성이 있다는 점을 짚어보았습니다. 다음 장에서는 문장의 핵심 축인 동사를 중심으로 우리가 어떻게 문장의 구조를 만들고 의미를 파악하는지 그 원리에 대해 함께 살펴보겠습니다.

영어는 대체 왜 그런가요

13

구조를 통해 의미를 완성하기

Colorless green ideas sleep furiously.

무색의 초록색 생각들이 화를 내며 잔다.

참 이상한 문장이죠? 그런데 의미상으로는 말이 안 되지만 구조는 흠잡을 데가 없습니다. 주어 'ideas'와 술어 'sleep'이 멀쩡하게 자리를 잡고 있으니까요. 이것이 바로 미국의 언어학자 노엄 촘스키가 "문법은 의미가 아닌 구조에 관한 것"이라면서 예로 들어 유명해진 문장입니다. 그는 사람은 한 번도 듣거나 본 적 없는 새로운 문장을 만들어내는 창조성을 갖고 있다는 점에 주목하여 변형생성문법Transformational-Generative Grammar(줄여서 생성문법이라고 합니다)을 창시했습니다. 이를 통해 무한한 수의 문장을 생성할 수 있는 유한한 수의 규칙을 체계화하고, 그 원리를 터득하는 인간의 타고난 언어능력을 포착했지요.

우리가 '문법'이라고 일컫는 문장의 구조를 언어학에서는 통사구조Syntax(혹은 Syntactic Structure)라고 합니다. 문장을 만들 때 우리는 머릿속 사전인 어휘부Lexicon에서 가져온 단어들을 일정한 규칙(구구조생성규칙Phrase Structure Rules)에 따라 배열해 통사구조를 갖추는데, 이때 문장 속 단어들의 상대적인 위치, 구성 요소들 간의 일치, 다른 단어로 대치할 수 있는지 여부 등을 고려합니다. 생성문법 이론에서는 이렇게 통사구조가 완성되면, 음성형식Phonetic Form으로 소리의 형태를 갖춰 밖으로 전달되며, 동시에 논리형식Logical Forms(곧 의미구조)으로 뜻을 갖추어 의미가 해석된다고 설명합니다. 이때 통사구조는 내부적으로는 심층구조

D-Structure(D는 deep을 의미합니다)가 먼저 완성된 뒤 의문문 등 구조를 바꾸는 이동규칙Move α이 적용되고 나서 표층구조S-Structure(S는 surface를 의미합니다)로 완성되지요. 생성문법 이론에서 주장하는 문장 구조의 한 가지 예를 도표로 나타내면 다음과 같습니다.

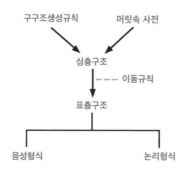

이 도표에서 구구조생성의 첫 번째 규칙이 바로 앞서 살펴보았던 'S → NP VP'입니다. 즉, 촘스키는 의미구조와는 별개인 통사구조가 먼저 존재한다고 본 것입니다.

동사의 보충어를 찾습니다

문장의 구조는 동사가 무엇인지에 따라 달라집니다. 또 같은 동사라도 어떤 의미로 쓰이느냐에 따라 구조가 달라지기도 하지요. 이것이 문장 구조를 파악하거나 만들려면 동사에 대해 제대로 알아야 하는 이유입니다.

　동사를 안다는 것은 더 명확하게는 그 동사가 다른 요소를 필요로 하는지 여부를 아는 것을 의미합니다. 언어학에서는 동사가 '보충어complement를 선택한다'고 설명하는데, 구조적 선택c-selection(c는 categorial의 약자)과 의미적 선택s-selection(s는 semantic의 약자)으로 나눕니다. 구조적 선택은 동사에 꼭 필요한 요소인 보충어가 있는지, 있다면 몇 개인지, 어떤 모습의 구 혹은 절이 필요한지 등을 정하는 것이고, 의미적 선택은 의미적으로 적합한 단어를 주어와 목적어로 정하는 것을 뜻합니다. 즉, 문장의 술어는 자신의 보충어를 구조적이자 의미적으로 선택하며, 주어도 구조적으로는 아니어도 의미적으로는 선택한다고 볼 수 있습니다. 이때 필수가 아닌 선택적인 요소들은 부가어adjunct라고 합니다. 이렇게 문장은 술어로 사용되는 동사에 의해 기초가 만들어집니다.

　앞서 살펴보았듯이 문장을 만드는 통사구조는 의미구조와 별개로 일단 '생성'되지만, 우리가 문장을 만들 단어를 머릿속 사전에서 가져올 때는 통사구조뿐 아니라 의미구조를 함께 고려해서 그야말로 '말이 되는' 문장을 완성합니다. 예를 들면, 명사구 the door와 동사(혹은 동사구) open을 가지고 '문을 열었다'는 의미의 문장을 만들 때 구조가 다른 두 가지, "I opened the door"와 "The door opened"를 만들 수 있습니다. 첫 문장에서 구조상 the door는 동사의 보충어인 목적어이고 두 번째 문장에서는 주어입니다. 하지만 the door가 어느 자리에 놓이건 open이라는 동사의 행위주체가 아닌 객체, 즉 여는 행위의 대상이라는 의미구조는 바뀌지 않지요.

이렇듯 주어인 명사구를 비롯해 목적어인 명사구, 전치사구 내의 명사구(전치사구는 전치사와 명사구로 이루어지므로) 같은 보충어들은 동사의 의미를 실현하기 위해 각기 의미역할semantic role(혹은 theta role이라고 부릅니다)을 수행합니다. 이때 의미구조에서는 명사구를 동사와의 관계를 고려해 논항argument이라고 부릅니다. 논항이라는 말이 어려워 보이지만 동사의 의미를 완성하기 위해 명사구가 어떤 역할을 한다는 점에서 사용하는 용어입니다. 명사구를 주어나 목적어라고 부르면 문장 구조상의 역할을 의미하지만, 논항이라고 부르면 문장의 의미를 해석할 때 어떤 역할인지, 즉 동사가 나타내는 행위의 주체인지 객체인지 등을 의미하지요. 모든 명사구 논항은 의미역할 중 하나를 맡습니다. 즉 동사는 그 의미를 구현할 명사구를 선택해서 구조를 만든 후에 생성된 문장의 의미구조에서 그들과 의미적인 관계를 맺고 있는 셈이지요.

명사구의 의미역할이란?

동사와 관련해서 명사구(즉, 논항)가 맡는 의미역할에는 여러 종류가 있습니다. 여러 가지 이름으로 불리기도 하는데, 동사의 행위주agent(혹은 동작주), 피행위주patient(혹은 피동주), 경험주experiencer, 대상theme(객체 혹은 사물), 위치location, 도구instrument 등이죠. 동사와 논항의 필수적인 관계 조건이 충족되지 않으면 구조가 올바르더라도 의미적으로 잘못된 문장이 되는 겁니다. 몇 가지 예를 통해 좀 더 자세히 살펴보겠습니다.

동사 kill(죽이다)의 의미를 완성하는 데 필요한 참여자, 즉 명사구 논항은 몇 개일까요? 두 개입니다. 상황을 능동적으로 만들어내는 행위주agent(즉 killer)와 수동적으로 당하는 피행위주patient입니다. 구조적으로 kill은 보충어로서 목적어인 명사구가 필요한 동사이고요. 반면 die(죽다)의 의미를 완성하는 데 필요한 참여자(논항)는 피행위주 하나로 충분합니다. 그래서 구조상 보충어인 목적어가 필요 없지요.

어느 날 우리 개 옆에서 죽은 새가 발견되고, 아이들은 순한 줄만 알았던 우리 개가 새를 죽였다며 슬퍼한 일이 있었습니다. 나중에 알고 보니 새가 창문을 들이받고 떨어져 죽은 것이었지만, 이 상황을 위의 두 동사를 사용해서 설명한다면 다음과 같은 문장이 가능할 겁니다.

My dog killed the bird.

우리 개가 그 새를 죽였다.

The bird died.

그 새가 죽었다.

이때 주어가 먼저 오고 술어가 나중이라는 순서를 어기거나(*Killed the bird my dog 등), 구조상 필요 없는 명사구를 더 쓰거나(*My dog died the bird), 필요한 보충어를 쓰지 않으면(*My dog killed) 문법에 어긋난 문장이 됩니다. 이래서 통사구조가 중요합니다. 물론 수나 시제가 일치하지 않아도 비문법적인 문장이 됩니다. 여기서는 kill과 die에 과거형 굴절어미 −ed를 붙여서 과거에 일어난 일임을 나타냈습니다. 한국어는 맥락으로 파악이 가능하면 대명사를 굳이 쓰지 않으므로 죽은 새를 가리키며 "죽었다" 혹은 "우리 개가 죽었다"고 주어나 목적어를 생략해도 말이 통하는 문장지만, 영어는 이들이 필수적이므로 생략하면 안 됩니다. 이 점에 대해서는 대명사에 대해 이야기할 때 자세히 다루겠습니다.

그렇다면 의미적으로 동사가 주어를 선택한다는 건 무슨 뜻일까요? 이를테면 kill이라는 동사를 쓴다면 죽이는 행위를 할 수 있는 생물이 행위주체로 선택된다는 뜻입니다. 무생물이 주어가 되면 어떨까요? "The desk killed the clock." 책상이 시계를 죽이다니, 문장 구조에는 문제가 없지만 판타지나 은유가 아닌 한 의미가 어색합니다. 이렇게 동사는 목적어뿐만 아니라 행위주체의 성격까지 결정한다고 볼 수 있습니다.

앞서 촘스키가 구조의 중요성을 보여주려고 사용한 문장 속 동사 sleep의 경우도 생각해봅시다. 우선 sleep 같은 동사도 비유적으로 쓰지 않는 한 잠을 잘 수 있는 생물주체, 즉 행위주가 필요합니다. 생물이 아닌 내 책상이 잠을 자면 어색하겠죠. 따라서 "I slept well"(나는 잘 잤다)은 가능하지만, "#My desk slept"는 상상의 세계에서나 가능할까 의미적으로 어색한 문장입니다. 한편 "*I slept my baby"는 구조적으로 잘못된 문장입니다. 누군가를 재운다는 의미는 sleep에 없기 때문이죠.(참고로 "아기를 재웠다"는 표현은 "I tucked my baby in(to) bed"를 쓰는 것이 가장 낫습니다. "I put my baby to sleep"도 가능하지만 애써서 재웠다, 약이나 주사로 잠재웠다는 뜻이 있고, 심지어 안락사의 의미까지 있거든요.)

이번에는 전형적인 타동사를 살펴볼까요? kick이나 hit 같이 동작의 주체가 대상에게 영향을 미치는 동사들이 전형적인 타동사입니다. 의미구조를 보면 행위주agent뿐 아니라 피행위주patient 혹은 내상theme이 필요합니다. "I kicked the ball"과 같이 쓰지요. 타동사 중에서는 동작보다는 상태를 나타내는 동사들도 있습니다. 예를 들어 like 같은 동사가 그렇습니다. 이 동사를 살펴볼까요?

'좋아하다'라는 의미를 충족하는 데 꼭 필요한 참여자는 무엇일까요? 우선 좋아하는 감정이 가능한 생물주체experiencer가 있어야 합니다. 그다음에는 좋아하는 지각대상stimulus이 있어야 하겠죠. 동작이 행해지는 대상처럼, 좋아하도록 나를 자극한 객체를 갖추어야 비로소 like의 의미가 완성됩니다. "I like this car", "I like dogs", "I like playing baseball" 같은 문장처럼 말이죠. 그래서 구조적으로 like 동사의 보충어로 목적어인 명사구가 꼭 필요한 것이지요. 따라서 이런 타동사들은 질문을 할 때도 동작의 주체와 대상이 모두 갖춰져야 합니다. 즉 "Did you kick?"이나 "Do you like?"는 구조적으로나 의미적으로 모두 잘못된 문장이며, 꼭 "Did you kick the ball?" 혹은 "Do you like it?" 하고 물어봐야 합니다.

영어는 대체 왜 그런가요

그런데 어째서 같은 타동사인데 kick과 like 동사에 대해 논항을 행위주 대 경험주, 피행위주/대상 대 지각대상으로 구별할까요? 그것은 이들 사이에 차이가 있기 때문입니다. 행위주는 의도를 가지고 동작을 수행하기 때문에, 의도적으로intentionally나 고의적으로deliberately 같은 부사의 수식을 받을 수 있지만, 경험주는 그렇지 못합니다. 예를 들어 "John deliberately kicked the ball"은 자연스럽지만, "#Mary deliberately liked the painting"은 부자연스럽지요. 또한 영향을 받는 대상을 강조하는 수동태에도 차이가 나타납니다. "The ball was kicked"는 자연스럽지만, "#The painting was liked"는 어색하게 느껴지지요. 이런 이유 때문에 논항이 갖는 의미역을 세밀하게 나누는 것입니다.

논항이 두 개 이상 필요한 동사들도 있습니다. 수여동사라고 부르는 give 같은 동사는 동사의 의미 구현에 필요한 참여자, 즉 명사구 논항이 세 개입니다. "I gave the book to Mary"라는 문장에서 I는 행위주agent, the book은 대상theme, Mary는 도착점goal이지요. 이와 같이 어떤 동사가 어떤 보충어를 취하는지 아는 것은 상당히 복잡한 지식입니다.

영어 동사와 문장 구조에 대한 설명은 엄청나게 복잡해 보이지만, 한국어를 사용할 때도 동사를 사용하는 방식이 이와 다르지 않습니다. 우리는 말할 때 늘 이런 식으로 이미 생각하고 있지요. 즉, 동사를 제대로 사용한다는 것은 곧 동사의 의미를 완성하는 데 필요한 구조를 안다는 것이고 특히 보충어를 올바로 선택할 수 있다는 뜻입니다.

같은 동사 다른 보충어

이렇게 문장 만들기의 핵심은 말하고자 하는 의미를 어떻게 완성할 것인지를 동사를 사용해 머릿속에 그려보는 일에서 시작됩니다. 가장 먼저 동사가 행위의 대상을 필요로 하는지 여부가 전통 문법에서 말하는 '자동사'와 '타동사'의 구분입니다. 예를 들어, 한국어에서도 '자다'는 자는 사람 같은 행위의 주체 하나만 있으면 의미가 완성되지만, '치다'라는 말을 하려면 행위주뿐만 아니라 차이는 대상도 필요하잖아요? 앞서 들은 die와 kill의 예도 이와 마찬가지이고요. 이렇게 행위주(혹은 경험주)만 있으면 의미가 완성되는 것이 자동사이고 행위의 대상까지 필요하면 타동사입니다. 앞서 들은 예에서 sleep과 die는 자동사이고 kill, like, kick, give는 타동사입니다.

동작동사action verb는 모두 자동사나 타동사 둘 중에 하나인데, 타동사가 훨씬 많습니다. 주의할 것은 두 가지로 다 쓰이거나, 그럴 때 의미가 살짝 다른 동사들이 있다는 점입니다. 표현하는 구체적인 의미에 따라 같은 동사도 다른 구조를 갖게 되는 셈이지요.

예를 들면 eat이 그렇습니다. "Did you eat?" 혹은 "Have you eaten?"은 "너 밥 먹었어?"라는 의미죠. 이 질문에는 "No, I didn't(No, I haven't)" 즉 "아니, 밥 안 먹었어"라고 답하면 됩니다. "No, I only had some chocolate"처럼 밥은 안 먹었고 초콜릿만 조금 먹었다고 대답할 수도 있죠. 즉, eat은 본래 대상을 필요로 하는 동사이지만, 그냥 "Did you eat?" 하고 목적어 없이 물을 수 있습니다. 이 경우에는 대상을 일반적인 것, 즉 한 끼 식사로 간주하는 것이죠. 하지만 먹는 대상이 밥이 아닌 구체적인 음식이라면 생략할 수 없습니다. 이를테면, "Did you eat my chocolate?"(네가 내 초콜릿 먹었어?) 하고 누가 물었다면, 꼭 목적어를 밝혀서 "No, I didn't eat it"(아니, 나 그거 안 먹었어)라고 해야지, "?No, I didn't eat"이라고 하면 밥을 안 먹었다고 동문서답을 하는 거예요. 즉 같은 동사이지만 eat이 의도하는 의미가 문장의 구조를 결정하는 것입니다. 다음은 자동사와 타동사로 모두 쓰이는 대표적인 동사 몇 가지입니다. 각각의 예처럼 의미가 조금 다른 것들은 새로운 단어처럼 알아두어야 하지요. 즉, 같은 동사도 의미가 약간 다르게 쓰일 수 있고, 이에 따라 각기 자동사와 타동사로 쓰일 수 있습니다.

자동사와 타동사로 모두 쓰이는 동사의 예		
play	자동사	We played outside. 우리는 밖에서 놀았다.
	타동사	I played the piano. 나는 피아노를 연주했다.
walk	자동사	We walked all day. 우리는 하루 종일 걸었다.
	타동사	He walked his dog. 그는 개를 산책시켰다.
demonstrate	자동사	The crowd demonstrated at the park. 군중이 공원에서 시위를 했다.
	타동사	He demonstrated his ability to be a leader. 그는 리더가 될 능력을 보여주었다.

보충어의 다양한 모습

동사의 의미를 완성하는 데 필요한 명사구 보충어는 다양한 형태를 띨 수 있습니다. 앞의 예처럼 목적어를 취하는지, 취한다면 바로 취할 수 있는지, 전치사구가 필요한지가 확인해야 할 기본 사항입니다. 그다음으로 보충어 위치에 올 수 있는 것이 to-부정사, 동명사, that이 이끄는 절 중 무엇인지, 모두 다 가능한지, 어떤 것이 불가능한지, 뜻이 어떻게 달라지는지 알아야 합니다. 그밖에도 위치, 도착점, 출발점 등 꼭 필요한 의미역이 있으면 나타내야 하죠. 물론 선택적인 것들도 있고요.

또한 think나 believe 같은 동사는 절을 보충어로 취하기도 합니다. "I think (that) she is wonderful" 또는 "I believe (that) John is smart"처럼 말이죠. 게다가 think는 "I think you"라고는 하지 않고 "I often think of you", "I am thinking about it"처럼 전치사구를 보충어로 취합니다. 반면 believe는 "I believe you"가 가능하죠. '증명할 수 없지만 신앙처럼 믿는다'는 의미로 "I believe in God"도 가능하고요. 같은 동사라도 의미하려는 바에 따라 다른 보충어를 사용하기도 합니다.

I remembered **calling** him.

나는 그에게 전화했다는 것을 기억했다.

I remembered **to call** him.

나는 그에게 전화하려 한 것을 기억했다.

앞의 예처럼 동명사는 이미 하고 있던 일이나 늘 하는 일을 의미 한다면, to-부정사는 원래 전치사 to의 시간적 의미(나아가는 방향)가 나 타나면서 앞으로 하려는 일을 뜻하는 정도로 의미에 차이가 있습니다. 그래서 처음 누군가를 만났을 때는 "Nice to meet you"라고 하지만, 그 후에는 "It was nice meeting you"라는 의미로 헤어질 때 "Nice meeting you"라고 말하는 것입니다.

주로 동명사를 보충어로 취하는 동사와 주로 부정사를 보충어로 취하는 동사가 나뉘기는 합니다. 주로 동명사를 보충어로 취하는 동사 에 admit, avoid, consider, enjoy, finish, forget, give up, practice, resist 등이 있고, 주로 부정사를 보충어로 취하는 동사에는 decide, determine, care, choose, expect, hope, learn, mean, pretend, promise, refuse, want 등이 있습니다. 다음의 예를 보세요.

He avoided drinking whisky.
그는 위스키 마시는 것을 피했다.

*He avoided to drink whisky.

*I wanted stopping the race.
I wanted to stop the race.
나는 그 경주를 멈추고 싶었다.

하지만 보충어로 부정사나 동명사가 다 쓰이는 경우도 있습니다. 그런 동사에 begin, continue, hate, intend, like, love, prefer, start 등이 있지요. 앞서 언급한 바 있는 remember(사실 forget도 마찬가지죠)처럼 의미가 달라질 수도 있습니다. 보충어는 의미구조에서의 미묘한 차이를 염두에 두고 적절한 것을 골라 사용해야 하지요. 이처럼 문장을 만들 때 동사의 보충어를 정확하게 사용하는 것은 매우 중요한 일입니다.

동사를 세밀하게 파악하는 습관

"Please put the soap." 얼마 전 교외의 어느 미술관 화장실에서 본 안내문입니다. 순간 '대체 어디에 놓으라는 거지?' 하고 의문이 들더군요. 동사 put은 '무엇을 어디에 놓다'라는 뜻입니다. 단어의 의미를 실현하는 데 필요한 논항이 세 개죠. 행위주agent, 대상theme, 그리고 그것이 놓일 장소location가 필요합니다(이러한 정보는 put이라는 동사의 어휘 정보로 머릿속 사전에 수록되어 있다고 봅니다). "I put the letter on your desk"처럼 말이죠. 위의 예에서는 명령문이므로 행위주인 you를 생략해서, "Please put the soap on the soap dish" 혹은 "Please put the soap here"라고 하는 것이 좋겠네요.

언어의 목적은 의사소통입니다. 단어의 나열만으로 전달할 수 없는 복잡한 의미를 더 잘 전달하기 위해 우리는 문장이라는 형식으로 표현

영어는 대체 왜 그런가요

합니다. 그 구조와 의미의 핵심에 동사가 있습니다. 모국어를 배울 때는 동사의 사용 방식을 생활 속에서 자연스럽게 익히지만, 외국어를 배울 때는 그러기가 어려울 수밖에 없지요. 영어 동사를 볼 때마다 그 구조적 선택과 의미적 선택을 염두에 두고 어떻게 사용하는지 관찰해보시기 바랍니다. 동사를 세밀하게 파악하는 습관을 들이고 동사를 사전에서 찾을 때 예문까지 찬찬히 들여다본다면 영어 실력을 키우는 데 가장 크게 도움이 될 것입니다.

우리가 달달 외웠던 문법이란 원래 문장을 만들어내는 우리 머릿속의 규칙입니다. 그 논리성을 단순한 암기로 파악하기란 어렵습니다. '원래 그런 것'을 외우기보다 '왜 그런 것'인지를 이해할 수 있어야 하기 때문이지요. 이런 원리를 알면 동사를 직관적으로 사용하는 능력을 기를 수 있습니다.

14

한국식 영작은 이렇게 바꾸자

같은 재료를 가지고 전혀 다른 요리를 만들어내듯, 사람들은 참으로 다양한 문장을 만들어냅니다. 영작문에 쉽게 접근할 수 있도록 학생들에게 '제일 좋아하는 영화', '기억에 남는 식사', '가장 행복했던 순간' 같은 주제로 한 문단 쓰기를 해보라고 하면 천차만별의 글이 나옵니다. 자연계 교과서 같은 딱딱한 글부터 정교하고 창의력 넘치는 글까지, 나름대로 고민의 흔적이 역력하지요.

그런데 학생들의 글 중에 문법에 어긋난 것은 아닌데 어딘가 구조상 어색한 문장이 자주 눈에 띕니다. 모국어가 아닌 외국어로 글을 쓰려니 당연한 일이지만, 무엇이 문제인가 분석해보았더니 특히 한국식 문장 구조와 뒤섞인 듯한 일정한 패턴이 보이더군요. 어떤 학생들은 영어식으로 생각을 하거나 글 쓰는 방법을 몰라 먼저 한국어로 글을 쓰고 영어로 번역한다고도 합니다. 조만간 번역기 잘 사용하는 법에 대한 책이 나올지도 모르지만, 아무리 번역기가 좋아지더라도 다채로운 표현을 구사하는 진정한 언어 능력은 개인의 영역에 남을 것 같습니다. 그럼 이번에는 한국식 영어 문장 쓰기의 유형에 대한 이야기를 해볼까요?

한국식 영어는 이제 그만

한국인이 만든 영어 문장은 크게 세 가지 구조적인 특징을 보입니다. 첫째는 힘들여 명사형을 만들어 상황을 표현하는 경우입니다. 이런 문장은 아무래도 좀 복잡하고 어색하지요. 이때는 명사로 표현한 내용을 풀어서 동사로 표현하는 편이 낫습니다. 동사가 분명하게 드러나지 않고 행위주가 주어로 쓰이지 않았기 때문에 문법적으로 틀리지 않았는데도 모호하고 힘이 없게 느껴지는 것이니까요. 예들을 보시죠.

① **The joy from my memory** of eating the sweets is beyond description.

단것을 먹은 기억에 대한 즐거움은 표현할 길이 없다?

→ I **enjoyed** eating the sweets very much.

나는 단것 먹기를 즐겼다.

② **My fascination with this fantastic adventure** is deeply ingrained in my soul.

이 환상적인 모험에 대한 나의 매혹은 내 영혼에 깊이 새겨져 있다?

→ I was deeply **fascinated** by the wonderful adventure.

나는 이 멋진 모험에 깊이 매료되었다.

③ **It gives me a deep gratification** doing self-development.

자기 계발에서 만족감을 얻는다?

→ I am **grateful** that I had a chance to develop myself.

나는 자신을 개발할 기회를 가져서 감사하다.

④ **My new guitar's sound** was exceptional and **its appearance** was splendid.

나의 새 기타는 소리도 훌륭했고 모양도 멋졌다?

→ My new guitar **sounded** exceptionally good and **looked**(or **appeared**) quite splendid.

나의 새 기타는 소리가 훌륭했고, 보기에도 멋졌다.

⑤ **Taking a slow stroll along the path from the grove to the temple** was such a soothing moment.

숲에서부터 길을 따라 절까지 천천히 걸어간 것은 정말 마음을 진정시키는 순간이었다?

→ I **took** a slow stroll along the path from the grove to the temple. It was such a calming time for me.

나는 그 숲에서부터 그 절까지 길을 따라 산책했다. 그것은 마음을 고요하게 해주는 시간이었다.

어떻습니까? 첫 번째 문장을 보면, '단것을 먹은 기억에 대한 즐거움'을 주어로 쓰기보다 행위주인 나를 주어로 하고 동작동사 enjoy를 사용하여 '나는 단것 먹기를 즐겼다'로 쓰는 편이 문장을 이해하기 훨씬 더 쉽습니다. 이는 나머지 문장들도 마찬가지입니다.

두 번째 특징은 make, get, give, bring 같은 복합타동사나 수여동사를 사용함으로써 문장은 단순하게 썼지만, 표현하려는 의미가 명료하게 드러나지 않는 경우입니다. 이 경우에도 역시 간단명료한 동작동사를 사용하는 편이 훨씬 효과적이고 자연스럽습니다. 예를 보시죠.

① These three points **made me recognize** that disparity in our society is huge.

이 세 가지 점이 나에게 우리 사회의 불균형을 깨닫게 해주었다?

→ I **recognized** that inequality in our society is huge through these three points.

나는 이 세 가지 점을 통해서 우리 사회의 불평등이 크다는 점을 깨달았다.

② I **made myself good scores** in the exam.

나는 시험을 잘 봤다?

→ I **did** well in the exam.

나는 시험을 잘 봤다.

혹은 I **got(/obtained/received)** a high score in the exam.

나는 높은 점수를 받았다.

혹은 I **scored** high in the exam.

나는 시험에서 높은 점수를 받았다.

③ I **got resentful** when he was forced to work, but I **got to be satisfied** when he finally regained freedom.

영어는 대체 왜 그런가요

나는 그가 일을 하라고 강요받았을 때 분노했지만, 그가 결국 자유를 되찾아서
만족스러웠다?

→ I **was resentful** when he was forced to work, but I **felt a
sense of justice**(or sense of satisfaction) when he finally regained
freedom.

나는 그가 일을 하라고 강요받았을 때 분노했지만, 그가 결국 자유를 되찾아서 정의가
실현됐다는 느낌을 받았다(만족감을 느꼈다).

④ The fantastic dinner **gave me positive thoughts** and made
me think that I should do my best to succeed.

그 멋진 저녁식사는 나에게 좀 더 긍정적인 생각을 주었고, 내가 성공하기 위해 최선을
다해야겠다고 생각하게 만들었다?

→ Thanks to the fantastic dinner, my attitude **became** more
positive. So, I **decided** to do my best to succeed.

그 환상적인 저녁식사 덕분에 나의 태도는 좀 더 긍정적이 되었다. 그래서 나는 성공하기
위해 최선을 다하기로 결심했다.

혹은 The fantastic dinner **cheered** me (or **lifted** my spirit or
encouraged me) and **motivated** me to try harder in my studies.

그 환상적인 저녁식사는 나를 응원했고 (마음을 일으켜 세웠고, 혹은 내게 용기를 주었고) 내가
공부를 더 열심히 하도록 동기를 부여했다.

⑤ Doing something with perseverance **brings you a step** closer to success.

인내를 갖고 무엇인가를 하는 것은 당신을 성공에 한 발 더 가깝게 해준다?

→ You will **be a step** closer to success through perseverance.

당신은 인내심을 통해 성공에 한 발 더 가까이 갈 것이다.

혹은 Learning to persevere through hardships will **bring** you a step closer to success.

어려움을 통해 인내하기를 배우는 것은 당신을 성공에 한 발 더 가깝게 해줄 것이다.

이 사례들도 복합타동사나 수여동사를 사용하기보다 동작동사를 사용해서 단순한 문장으로 수정하는 편이 낫습니다. 어떤가요? 바꾼 문장들이 이해하기가 더 쉽지요?

세 번째는 많은 한국인들이 can, could, be able to 등을 써서 한국어로 '~할 수 있다, ~할 수 있었다'는 표현을 자주 쓰는 경우입니다. 그렇게 하기보다 동사만 쓰는 편이 나을 때가 더 많습니다. 사실 한국어로 말할 때도 '~할 수 있었다'는 표현은 '~했다'라는 표현보다 사실을 약화시키는 경향이 있지요. 게다가 영어의 could 조동사는 구어에서는 망설임의 의미를 담아 쓰이는 경우가 많기 때문에 명료한 글쓰기를 하려면 피하는 것이 좋습니다.

① It was the most memorable moment, because I **was able to** learn the preciousness of my family.

그것은 내가 가족의 소중함을 느낄 수 있었기 때문에 가장 기억에 남는 순간이었다?

→ It was the most memorable moment because I **realized** that my family is most valuable to me.

그것은 내가 가족의 소중함을 깨달았기 때문에 가장 기억에 남는 순간이었다.

② Watching him dancing, I **could** finally confirm that he has established his identity as a villain.

그가 춤추는 것을 보며 나는 그가 악당으로서 그의 정체성을 확립했다는 것을 확인할 수 있었다?

→ Watching him dancing, I **became convinced** that he has decided to take on the role of a villain.

그가 춤추는 것을 보며 나는 그가 악당으로서 그의 정체성을 확립했다는 것을 확인했다.

③ I **can** really agree with this quote.

나는 이 인용구에 정말 동의할 수 있다?

→ I totally (or completely) **agree** with this quote.

나는 이 인용구에 전적으로 동의한다.

④ A sense of freedom **was able to** change my negative attitude right away.

자유로워졌다는 느낌은 일시에 나의 부정적인 태도를 바꾸어줄 수 있었다?

→ I **felt** a sense of freedom, which changed my negative attitude right away.

나는 일시에 나의 부정적인 태도를 바꾼 자유로움을 느꼈다.

⑤ In this movie, I **was able to** admire the beauty of Paris, which I couldn't appreciate in Korea.

이 영화에서 나는 한국에서는 감상할 수 없는 파리의 아름다움을 감탄할 수 있었다?

→ In this movie, I **appreciated** the beauty of Paris.

이 영화에서 나는 파리의 아름다움을 감상했다.

위의 문장들은 앞서 제안했듯이 can, could, be able to 를 사용하지 않는 편이 훨씬 더 분명한 문장이 됩니다.

지금까지 한국식으로 보이는 문장 구조 세 가지의 특징과 바람직한 해결 방안에 대해 알아보았습니다. 영어는 동사구 앞쪽에 놓이는 동사를 중심으로 만들어진다는 점을 기억하세요. 명사의 숫자를 늘리면 문장이 복잡해지기 마련입니다. 주어와 목적어에 쓸 명사를 떠올리는 한국식 사고를 바꾸어 동사를 먼저 고르는 훈련을 하면 간결한 영어 문장을 만들 수 있습니다. 한국어로 문장을 만든 후 번역하기보다는 내가 원

영어는 대체 왜 그런가요

하는 의미를 바로 영어로 표현하기 위해 어떤 동사를 사용하는 것이 효과적인가를 고민해야 합니다. 문장에 생명력을 불어넣는 근원은 동사이기 때문입니다.

한 문장 잘 만들기

미국에서 여성 최초로 해외 대사에 임명되었던 클레어 루스라는 분이 있습니다. 정치인이면서 다재다능한 작가이기도 했죠. 젊은 케네디 대통령이 임기 초에 이런저런 방향을 모색하자 그녀가 이렇게 말했다고 합니다.

A great man is one sentence.
위대한 사람은 한 문장입니다.

요즘 같으면 성차별 논란을 피하기 위해 man 대신 person이라고 썼을 법한 문장이죠? 아무튼 언론인이자 하원의원을 지낸 정치 원로로서 루스는 신임 대통령에게 알 듯 말 듯한 조언을 건넸습니다. 위대한 사람은 한 문장으로 시작된다는 뜻일까요, 아니면 완성된다는 뜻일까요? 무엇인가 한 가지 일에만 집중하는 게 좋겠다는 뜻이었을까요? 어쩌면 한 번 집중한 일들이 쌓여서 위대한 업적이 완성된다는 의미일 수도 있겠지요. 요즘 말로 이것저것 손대기보다는 자신만의 콘셉트나 어젠다(즉 핵심 과제)를 분명히 하라는 조언이었는지도 모르겠습니다.

제가 이 문장을 기억에 새겨두었던 이유는 "하나의 문장이 곧 하나의 아이디어"라는 함축적인 의미가 담겨 있어 흥미로웠기 때문입니다. 통사론의 이론들에 따르면 우리는 머릿속의 규칙에 따라 모든 문장을 무한하게 길게 만들 수도 있습니다. 하지만 "하나의 문장은 하나의 아이디어를 담아야 한다"는 의견에도 수긍할 수밖에 없지요.

영어 문장 만들기와 관련해서 제가 드리고 싶은 조언은 명확합니다. 동사에 집중해 간결한 문장을 만드는 연습을 꾸준히 해보세요. 모호하게 말하거나 쓰지 않으려면 행위주를 주어로 삼고 간단명료한 동작동사를 사용하면 됩니다. 똑똑한 한 문장 만들기에 자신이 생길 때 복잡한 문장도 어려움 없이 만들 수 있습니다. 문장 만들기에 자신이 붙으면, 언젠가는 위대한 문장을 만들 수 있지 않을까요? 대통령이 아니어도 누구나 자신의 삶에서 멋진 한 문장을 완성해야 하니까요. 여러분은 자신의 삶에서 어떤 위대한 문장을 완성하고 싶으신가요?

15

시제가 우리에게 말해주는 것들

20세기 초 미국 원주민들의 언어는 언어학자들에게 흥미로운 연구 대상이었습니다. 그중에서도 애리조나에 살던 호피족Hopi의 말은 한때 '시제가 아예 없는 언어'로 잘못 알려진 적이 있었죠. 하지만 표현하는 방식이 영어와 다를 뿐 호피어에도 시제가 있다는 것이 이내 밝혀집니다. 사실 시제 없는 언어란 상상할 수 없습니다. 일시적으로 교역을 위해 사용되는 언어라면 모를까, 그 언어를 모국어로 사용하는 화자가 있는 진짜 언어라면 시제가 꼭 있지요. 물론 이를 언어로 어떤 방식으로 표현하는지는 다른 문제입니다.

시제란 '말하는 순간'과 '말하려는 사건'의 시점을 맞추어 표현하는 방법입니다. 크게 과거, 현재, 미래로 구분할 수 있습니다. 시제를 어떻게 표현하는지는 언어마다 다릅니다. 한국어와 영어는 동사에 시제를 나타낸다는 점이 같죠. 영어에서 walk(현재)와 walked(과거)처럼 한국어도 '걷다'와 '걸었다'로, 동사 모양을 살짝 바꾸어 시제를 나타냅니다. 동사 어간에 과거형 어미 '-ed'나 '-었'이 붙는 방식이 비슷합니다.

반면에 동사에 시제를 표시하지 않는 언어도 있습니다. 중국어는 동사를 직접 활용하지 않고 부사를 사용해서 시제를 나타냅니다. 이를테면 "어제 밥을 먹었다我昨天吃了"는 문장은 '어제昨天'라는 단어와 문장 말미에 '了'[le]를 붙여 과거형을 만듭니다. 영어나 한국어와는 다른 방식이지요. 그래서 중국인들은 영어를 배울 때 굴절어미를 붙이거나 불규칙 활용으로 시제를 나타내는 걸 어려워하는 편입니다.

영어처럼 언어가 단어의 본래 형태를 바꾸어서 시제, 인칭, 수, 성,

영어는 대체 왜 그런가요

태 따위를 나타내는 방법을 '굴절'이라고 합니다. 형태를 바꿔주는 역할을 하는 어미를 '굴절어미'라고 하고, 이런 변형을 '활용'이라고 부릅니다. 영어 동사는 보통 굴절어미 '-ed'를 붙여 과거형을 만들지만 역사적으로 많았던 불규칙형들이 꽤 남아 있습니다. 교착어인 한국어는 조금 다릅니다. 동사의 어간에 활용어미들, 이를테면 존대를 나타내는 어미 -'시', 과거형 어미 '-었' 등과 '-다, -게, -지, -고, -으니, -니' 같은 활용어미를 차례로 이어 붙여 동사를 바꾸어 사용하지요.

영어는 유럽의 다른 언어들처럼 굴절어였지만, 다른 언어의 영향을 받으며 굴절이 단순화되고 어순이 중요해져서 지금은 고립어로 분류됩니다. 영어에 남아 있는 굴절어미들은 한국어의 명사 뒤에 붙는 조사나 동사 어간에 붙는 활용어미들과 유사하게 모두 접미사들입니다.

객관화하기는 어렵지만, 저는 늘 영어의 동사 활용에 변칙과 예외가 많다고 생각했습니다. 형태가 현재형과는 아주 먼 caught, sold, stood, took, went 같은 불규칙형이 상당히 많으니까요. 하지만 실제로는 영어가 활용이 단순한 언어에 속합니다. 한국어에서 질문을 '묻다'는 '물었다'로 바뀌는 반면 땅에 '묻다'는 '묻었다'로 바뀌는 것을 외국인들은 황당할 정도로 어렵다고 하더군요.

영어의 시제는 왜 복잡한가?

한국어와 영어 둘 다 시제 표현을 위해 동사를 변형한다는 원리는 같지만, 시제의 체계 자체는 영어가 훨씬 복잡합니다. 두 언어에서 시간을 파악하고 사용하는 방식이 다르기 때문이지요. 영어의 시제는 통틀어 12가지로 봅니다. 즉, 현재형, 현재진행형, 현재완료형, 현재완료진행형, 과거형, 과거진행형, 과거완료형, 과거완료진행형, 미래형, 미래진행형, 미래완료형, 미래완료진행형이 있지요. 현재, 과거, 미래를 나타내는 세 가지 시간tense에 상태의 전개 양상aspect을 표현하는 단순, 진행, 완료, 완료진행의 의미 네 가지가 함께 표현되기 때문입니다. 다만 영어에는 미래 시제를 나타내는 굴절어미가 없어서, 조동사 will이나 shall, 혹은 be going to를 함께 사용해서 나타내지요. 그래서 영어는 '동사에 표현되는 시제'에만 국한해 보면 아주 단순하게 '현재형'과 '과거형' 단 두 개인 셈입니다.

영어 시제가 12가지나 되지만 이들이 전부 골고루 쓰이는 것은 아닙니다. 어떤 상황에서 무엇을 써야 할지 알면 의외로 간단합니다. 주로 단순현재형, 단순과거형, 현재완료형 그리고 현재진행형 정도가 자주 쓰이지요. 이들 중 영어 사용자들은 자주 쓰지만 우리에게 익숙하지 않은 것이 현재완료형입니다. 그리고 지나치게 많이 쓰는 것처럼 보이는 현재진행형의 사용법도 눈여겨볼 필요가 있습니다. 이 두 시제에 대해 좀 더 알아볼까요?

"He went to New York"과
"He's gone to New York"의 차이

영어 시제 가운데 한국인들이 어렵게 느끼는 시제가 완료형입니다. 우선 아래 현재완료형 문장들을 살펴보시죠.

We've just finished the project.

우리는 방금 그 프로젝트를 끝냈다.(과거의 어느 시점에서 시작된 행위가 지금 막 끝난 경우—완료)

I have never seen her before.

나는 전에 그녀를 본 적이 없다.(과거에서부터 지금까지 경험한 일을 나타낼 때—경험)

I have known him for years.

나는 그를 안 지 오래/여러 해 되었다.(과거에 일어난 일이 지금까지 계속되고 있음을 나타낼 때—계속)

He has lost his wallet.

그는 지갑을 잃어버렸다.(과거의 일로 인해 현재의 결과가 나타나는 경우—결과)

한국인들은 완료형을 주로 '무엇을 해본 적이 있는지'(have you ever+ 동사의 과거분사) 과거 경험을 나타내는 표현에만 쓰는 경향이 있습니다. 하지만 과거에 일어난 일이라도 현재를 기점으로 이미 마무리되었다는 점을 부각할 때 혹은 그 행동이나 일의 결과나 경험을 강조할 때라면 완료형을 쓰는 것이 좋습니다. 다음 세 문장을 비교해봅시다.

He went to New York.

그는 뉴욕에 갔다.(그러나 지금은 어디 있는지 모른다)

He's gone to New York.

그는 뉴욕으로 가버렸다.(그래서 지금 여기 없다)

He has been to New York.

그는 뉴욕에 가본 적이 있다.(언젠가 다녀왔다)

과거형을 쓴 첫 번째 문장에서는 그 사람이 과거 어느 시점에 '뉴욕에 갔다'는 사실만을 말할 뿐, 그가 다시 돌아와서 지금은 서울에 있을 수도 있습니다. 그러나 완료형을 쓴 두 번째 문장에서는 그가 뉴욕으로 가버려서 확실히 지금 여기 없다는 의미를 강조합니다. 즉, 과거형은 과거의 어느 시기에 일어난 일을 표현하는 반면, 완료형은 과거의 어떤 행위나 사건의 결과나 그 영향이 그 행위와 사건 자체보다 더 중요하다고 생각될 때 사용하는 표현이라고 보면 됩니다.

우리에게는 잘 알려져 있지 않지만, 미국 독립선언서의 후반부에는 독립 투쟁의 정당성을 강조하기 위해서 영국 왕 조지 3세가 약속을 이행하지 않는 등 여러 잘못을 저질렀다고 나열해놓았습니다. 이를테면 "He has refused his Assent to Laws, the most wholesome and necessary for the public good"(그는 공공의 선을 위해 가장 유익하고 필요한 법령에 동의하기를 거부하였다) 등 무려 열일곱 개의 문장을 현재완료형으로 쓰고 있습니다. 이를 과거형으로 쓰지 않고 현재완료형으로 쓴 이유는 왕의 잘못이 현재의 독립 선언에 영향을 주고 있다는 점을 강조하기 위해서입니다.

과거완료형과 미래완료형은 현재완료형보다는 덜 자주 쓰이지만, 기준점이 되는 과거나 미래의 어느 시점보다 앞서서 완료된 혹은 완료될 법한 일에 대해 말할 때 사용합니다. 다음 두 문장에서 살펴보세요.

When he woke me up, I had been asleep for nearly two days.
그가 나를 깨웠을 때 (일어나 보니), 나는 거의 이틀을 내리 잤던 것이다.

By the time you arrive here tomorrow, I will have finished eating my breakfast.
네가 내일 여기 도착할 때쯤, 나는 아침식사를 마쳤을 것이다.

영어는 시간의 흐름에 한 점을 찍고 시간상 그 이전에 이루어진 일임을 분명하게 드러내는 언어입니다. 반면 한국어에서는 이 모두를 그냥 과거형으로 나타내도 문제가 없습니다. 따라서 영어에서 완료형을 잘 활용하면 간결한 문장 속에 함축적인 의미를 보낼 수 있는 방법을 마스터하는 셈입니다. 다음으로는 진행형에 대해 이야기를 해볼까요?

"I am going to work"과
"I go to work"의 차이

영어의 시제 표현 가운데 진행형은 아주 강력합니다. 특히 현재진행형은 지금 일어나는 일에 대해 말할 때 현재형을 대치해버렸습니다. 한국어로 "지금 뭐하고 있어?"라는 질문에는 "나 밥 먹어"라고 하면 충분합니다. "나 밥 먹고 있어"라는 진행형 표현이 있지만, 굳이 쓰지 않아도됩니다. 하지만 영어는 다릅니다. "What are you doing?"이라는 질문에 그냥 현재형을 쓰면 전혀 다른 뜻이 되거든요.

"I eat"은 문법적으로 틀린 문장은 아니지만, 특정한 맥락이 아니라면 좀처럼 쓰이지 않지요. "나 굶진 않아. 뭘 좀 먹기도 해" 같은 의미심장한 말, 혹은 "나는 먹는다. 고로 존재한다" 같은 존재론적 문장이 이어질 것 같은 느낌입니다. 그래서 "지금 (뭔가) 먹고 있다"고 말하고 싶으면, "I am eating"만이 올바른 영어 표현입니다.

영어의 단순현재형은 지금 일어나는 일을 표현하기보다는 습관적으로 자주 하는 일을 표현하며 특수한 영역으로 한정됩니다. 즉 "I eat breakfast"는 지금 아침밥을 먹고 있다는 뜻이 아니라, 평소에 내가 습관적으로 아침을 먹는다는 뜻입니다. 한발 더 나아가서 현재형은 늘 하는 일, 곧 직업을 나타냅니다. 누군가 내게 "Where are you going?"(어디 가니?) 하고 질문했을 때의 답을 생각해보죠. "I go to work"은 "나는 일을 한다"(직장인이다) 정도의 뜻입니다. 오직 진행형인 "I am going to

영어는 대체 왜 그런가요

work"만이 현재 일어나는 사실, 즉 "나는 지금 일하러 가는 중이다"(출근하는 길이다)라는 의미이므로 질문에 알맞은 답입니다.

영어의 단순현재형이 현재 일어나는 일이 아니라 습관적으로 하는 일, 불변의 진리, 과학적으로 증명된 사실, 반복되는 사실을 표현하는 다음 예들을 보세요.

She goes to school by bus.

그녀는 평소 버스로 통학한다.(습관적으로 하는 일)

The earth revolves around the sun.

지구는 태양을 돈다.(불변의 진리)

Water boils at 100 degrees Celsius.

물은 섭씨 100도에서 끓는다.(과학적으로 증명된 사실)

It rains a lot here in the summer.

이곳은 여름에 비가 많이 온다.(반복되는 사실)

만일 영어에서 현재형은 습관이나 직업을 표현할 때에 쓰고, 정작 현재 일어나는 일은 반드시 현재진행형을 써야 한다는 점을 모른다면 오해가 생길 수 있습니다.

"What do you do?"라는 질문을 볼까요? 이는 "What do you do for a living?"(먹고 살기 위해 무엇을 하나요?)과 같은 표현으로서 평소 하는 일, 그러니까 직업을 묻는 질문입니다. 그러므로 "I am a cook"(저는 요리사입니다) 내지 "I cook"(저는 요리를 합니다) 같은 답이 자연스럽습니다. 이때 "I am cooking"(저는 지금 요리를 하고 있습니다)처럼 진행형을 쓰면 지금 하고 있는 행위에 관한 답이 되니 어색해집니다.

물론 반대의 경우도 일어날 수 있어요. 아래와 같이 "What are you doing?" 하고 진행형으로 물으면 반드시 진행형으로 답해야 합니다. 즉, "What are you doing? Watching TV?"(지금 뭐해요? TV 보세요?) 하고 물으면 "I am not watching TV. I am cooking"(TV 안 보고 있어요. 요리 중입니다) 하고 답을 해야지, "I don't watch TV. I cook"(저는 TV 안 봐요. 저는 요리사예요) 하고 답하면, 동문서답이 되고 마는 것입니다.

지금까지 영어의 시제에 대해 간략히 살펴보면서, 완료형과 진행형이 단순형과 어떻게 다른지, 영어의 시제가 한국어와 어떻게 다른지 설명했습니다. 영어는 행위나 사건 등이 어느 시점을 기준으로 마무리된 것인지 아니면 계속되는지 등의 상태까지 시제와 함께 표현하므로 한국어를 포함한 다른 언어에 비해 복잡한 편이죠. 그래서 영어 문장을 만들 때는 상황에 알맞고 일관되도록 시제를 맞추는 데 특히 신경을 써야 합니다.

어느 외국어나 시제를 잘 일치해 표현하기란 어려운 일입니다. 낯설고 복잡한 외국어 시제는 그 체계와 특징을 먼저 이해하고 접근하는 것이 요령이지요. 영어에서는 특히 완료형과 진행형 시제가 어떻게 사용되는지 주의를 기울여보면 훨씬 덜 어렵게 느껴지리라 확신합니다. 다음 장에서 영어의 독특한 시제인 진행형에 대해 조금 더 알아보겠습니다.

16
현대인이 사랑하는 현재진행형

"I'm lovin' it!"

맥도널드 햄버거의 익숙한 광고 문구입니다. 저는 이 문장의 두 패러디 버전을 본 적이 있어요. "I'm luggin' it!" 살이 쪄서 늘어진 뱃살을 바지 속으로 구겨 넣고 있다는 뜻이고, "I'm vomitin' it!" 햄버거를 너무 많이 먹어서 토하고 있다는 뜻이지요. 재치 있긴 한데 그리 유쾌하진 않습니다.

그런데 "I'm lovin' it!"이라는 이 문장, 좀 어색하지 않나요? 보통은 "I love it"이라고 하잖아요. "I love you"나 "I love him" 모두 진행형으로 말하지 않는데, 맥도널드는 왜 다르게 썼을까요? 게다가 loving이라고 하지 않고 lovin'이라고 한 것은 또 무엇 때문일까요? 이렇게 말하면 뭔가 다른 뜻이 되는 걸까요? 진행형의 지난 과거를 추적해보면서 이 질문에 대한 답을 찾아보기로 하죠.

진행형은 최근 트렌드

흥미롭게도 시제는 유행을 타는 경향이 있습니다. 영어의 진행형은 예전에는 그리 많이 쓰이지 않았지요. 진행형 어미 자체는 고대영어 시기부터 있었지만, 이렇게 유행한 것은 최근의 일입니다. 18세기에 아일랜드 노동자 계층에서 주로 사용되면서 영국의 평범한 사람들은 이를 저급한 말로 여겼는데, 당시 젊은이들이 멋지다고 여기기 시작하면서 널리 퍼지게 되었기 때문입니다.

현재분사형 어미 '-ing'를 사용하게 된 유래는 깊습니다. 고대영어에서 'beon(to be, to become)+본동사+현재분사형 어미(-ende)의 결합 형태'가 사용되기 시작했는데, -ende 어미가 -end(e의 약화와 삭제) 그리고 -in(모음 변화와 nd자음군의 단순화)으로 차례로 바뀝니다. 그러고는 기존의 동명사 형태 -ing와 합쳐지는 단순화/수평화levelling로 인해 겉모습이 -ing인 어미가 되었다고 추정됩니다. 이 때문에 진행형을 만드는 현재분사형의 -ing는 동명사 어미인 -ing와 달리 [ɪn]으로 발음되는 경우가 많다는 것이지요. 즉 고대영어의 -ende 형태가 구전을 통해 살아남은 셈입니다.

이 때문에 진행형을 만드는 '현재분사형의 -ing'는 '동명사의 -ing' 발음 [ɪŋ]와는 달리 [ɪn]으로 발음하는 경우가 더 많습니다. 요즘에는 특히 남성들과 사회적 지위나 교육 수준이 낮은 사람들이 편안한 상황에서 이렇게 발음한다는 연구 결과가 많습니다. 소설에서는 이 발음이 실감나도록 마지막 스펠링 'g'를 삭제하고 대신에 어깻점을 써넣어 표현하기도 합니다. "I am coming"(가고 있어)에서 진행형 동사를 comin'이라고 쓰는 식이지요. 맥도널드의 "I'm lovin' it"이라는 캐치프레이즈도 이런 배경에서 비롯된 것입니다.

현대영어의 진행형은 생동감이 넘치는 것 같습니다. 진행형의 어미 '-ing'는 영어 모국어 화자인 어린아이들이 가장 먼저 인지하는 형태소들 중 하나라는 연구 결과도 있습니다. 영어교육학자인 스티븐 크래션에

따르면 어린아이가 가장 먼저 습득하는 문법 요소들은 복수형 어미 –s
와 연결동사로 쓰이는 be동사, 그리고 진행형의 –ing라고 합니다. 그만
큼 진행형이 자주 쓰인다는 의미죠. 진행형은 현재진행형뿐 아니라 과거
진행형, 현재완료진행형으로도 쓰입니다.

I am working on it.

지금 그 일을 하고 있어요.

I was cooking when he came in.

그가 들어왔을 때 나는 요리하고 있었어요.

It has been raining since last night.

어젯밤부터 비가 내리고 있어요.

의미에 조금씩 차이가 있긴 하지만, 어떤 경우에는 현재완료나 과
거형 시제보다 현재완료진행형 시제를 쓰는 것이 더 자연스럽게 여겨집
니다. 예를 들어 "선생님께서 쓰신 책을 읽었습니다"라는 말을 비교해
볼까요? 소리 내어 읽으면서 비교해 보세요.

I read your book.

당신이 쓰신 책을 (과거 어느 시점에) 읽었습니다.

I've read your book.

당신이 쓰신 책을 (현재를 기준으로 다) 읽었습니다.

I've been reading your book.

당신이 쓰신 책을 읽고 있는 중입니다.

셋 모두 올바른 문장이지만 어쩐지 진행형을 사용한 마지막 문장이 가장 자연스럽지 않은가요? 진행형의 유행이 불붙기 전까지 영어에서 현재 일어나는 일을 표현하는 시제는 단순현재형이었습니다. 1800년대 영국의 찬송가 작사가인 엘리자베스 밀스는 다음과 같이 노래했죠.

O land of rest, for thee I sigh!

안식의 땅이여, 그대 향해 한숨짓노라!(그대를 그리워하노라.)

시적으로 표현해서 "네가 그립다"는 의미인데, 단순현재형으로 썼네요. 그런데 이 말을 현대영어의 현재형으로 바꾼다면 "I miss you"와 "I am missing you" 둘 중 어느 것이 적당할까요? 보통은 "I miss you"라고 하는데, 요즘 노래 가사를 보면 "I am missing you"도 많습니다. 말로 할 때는 "I am missing you"라고는 거의 하지 않는데 말이죠. 좀 더 분명한 차이를 알기 위해서는 영어에 존재하는 특별한 동사 구분 방식에 대해 살펴봐야 합니다.

동작동사와 상태동사가 진행형을 만났을 때

영어는 동사가 나타내는 능동성을 기준으로 대부분의 동사들을 '동작동사action or dynamic verbs'와 '상태동사state or stative verbs' 두 종류로 나눕니다. 동작동사는 행동을 표현하고, 상태동사는 마음이나 인식의 상태를 나타내죠. 동작동사는 진행형을 쓰지만 상태동사는 진행형으로 쓰지 않습니다. 동작동사가 상태동사보다 좀 더 많은 편이죠.

이렇게 나누는 근거는 두 종류의 동사들이 갖는 의미 차이에서 나옵니다. 동작동사는 특정 기간에 걸쳐 일어나는 다이내믹한 동작이나 행위를 뜻하므로 진행형을 써서 그 과정을 강조할 수 있지만, 상태동사는 불특정의 기간에 걸쳐 있는 정적인 상태이므로 진행형을 쓰기엔 논리적으로 맞지 않는다는 거죠. 따라서 만일 상태동사를 진행형으로 쓴다면, 의도적으로 역동적인 의미를 추가하는 셈입니다.

이를테면 내가 어떤 사람을 줄곧 좋아하고 있는 상태라면 "I like him"이라고 하면 충분합니다. 굳이 이제 막 좋아하게 되었다는 점을 표현하고 싶으면 "I am getting(starting) to like him"이라고 동작동사 get이나 start를 첨가하면 됩니다. 누군가를 아는 일도 어느 정도 기간을 거쳐 도달하는 상태를 의미하죠. 그러므로 "I know her"라고 해도 됩니다. 이제 막 알아가는 중이라면(이를테면 연애 초기), "I am getting to know her"라고 하면 되고요. 단 "*I am liking him"이나 "*I am knowing her" 같은 문장은 아직 들어본 적이 없습니다.

동작동사	ask, bite, build, catch, cook, cry, cut, dance, drink, drive, eat, explode, fight, fly, go, hit. kick, kiss, laugh, lead, lift, live, mix, open, play, run, swim, sleep, talk, walk, put on(=get dressed) 등		
상태동사	지각과 이해	느낌이나 감정	기타
	know, understand, consist, agree, have, need, become, hope, exist think, suppose, consider, remember, doubt, forget, believe, possess, belong 등	like, love, hate, see, hear, feel, seem, sound, taste, love, fear, envy, prefer, mind, appreciate, want, need, wish 등	live, own, resemble, remain, stay, keep, seem, marry, appear, wear 등

다의어에서 하나의 동사가 여러 의미로 사용되는 경우가 있듯이, 상태와 동작 모두로 쓰이는 동사들도 있습니다. 바로 look, have, hope, realize, find, wear 등인데, 이때 의미를 제대로 구분하지 않고 상태동사에 진행형을 쓰면 어색해집니다. 이를테면 소유의 의미인 have는 상태동사이지만, '먹다', '보내다'의 의미로 쓰이는 have는 진행형으로 쓸 수 있다는 차이가 있고, look의 경우도 '~처럼 보이다'의 의미가 되는 불완전자동사(보어가 필요한 자동사)일 때는 그렇지 않을 때와 달리 진행형으로 쓰지 않지요. 영어로는 상태를 나타내는 동사인데 한국인들이 동작동사처럼 쓰기도 하는 대표적인 동사로 know, belong, marry가 있습니다.

예를 들어 내가 어떤 클럽에 속해 있다고 할 때 belong이라는 단어를 이용해 표현이 가능할까요? "I belong to the club"(나는 그 클럽의 일원이다)이라고 말할 수 있겠죠. 반면 "*I am belonging to the club"(나는 그 클럽에 속해 있는 중이다?)이라고는 하지 않습니다. belong은 상태동사이므로 진행형으로 쓰면 어색하기 때문입니다. 굳이 그 모임에 가입하는 중이라고 동작을 강조한다면 동작동사인 join을 써서 "I (have) joined the club"(나는 그 클럽에 가입했다)이라고 할 수 있지만, 과거형이나 완료형이 아니라면 역시 어색하지요. 그냥 "I am a member of the club"(나는 그 클럽 회원이다)이라고 하는 편이 낫습니다.

상태동사와 동작동사가 헷갈리는 경우 중에서도 동사 wear는 좀 특이합니다. 옷 입은 상태를 표현하며 그런 의미로는 진행형을 씁니다. "Jenny's wearing jeans"라는 식으로요. 하지만 옷 입는 동작은 put on, get dressed 등으로 다르게 표현해야 합니다. 즉, "네가 전화했을 때 나는 막 양말을 막 신던 중이었다"고 말하려면, 상태동사인 wear 대신 동작을 나타내는 put on을 써서, "I was putting on some socks when you called me"라고 해야 합니다. 그래서 추운 날 옷을 얇게 입은 사람에게 뭘 좀 걸치라고 말하려면, put on을 써야 하지요. 이때 "Wear something"이라고 말하면 잘못된 표현입니다. 물론 wear가 습관적인 일이나 특정 상황에 대해 말할 경우라면 진행형으로 쓸 수도 있습니다. "He usually wears glasses but he is not wearing them today"(그는 보통 안경을 쓰는데, 오늘은 쓰지 않았다) 같은 경우가 되겠네요.

그런데 진행형은 점점 더 사용이 늘면서 최근 상태동사에서도 자주 발견됩니다. 대표적인 것이 바로 앞서 이야기한 "I am missing you"라는 노래 가사와 "I am loving it"이라는 맥도날드 햄버거의 광고 문구인 거죠. 이들을 어떻게 해석해야 할까요? 이제 상태동사에도 진행형을 쓰

영어는 대체 왜 그런가요

기로 한 것일까요? 제 생각에 전자는 당신이 늘 그립지만, 굳이 지금 더 아주 많이 그립다는 사실을 강조한 것 같습니다. 후자는 평소에도 늘 좋아하지만 햄버거를 먹는 이 순간이 정말 좋다는 표현 같고요. 아직은 예외적인 경우로 보아야 합니다. 사실 앞서 설명한 것과 같이 이 두 가지 문장에는 의미에 차이가 있기 때문이죠.

흔히 지나치는 말에도 현재형과 진행형에 약간의 차이가 있을 수 있습니다. 예를 들어 "I live in Seoul"(나는 서울에 산다)이라는 현재형은 서울에 오랫동안 사는 사람이 할 수 있는 말입니다. 즉, 자신이 서울 사람이라는 뜻이죠. 반면 "I am living in Seoul"(나는 서울에 살고 있다)이라는 진행형은 현재 상태를 나타내므로, 본래는 다른 곳 사람이지만 당분간만 서울에서 지내고 있다는 의미가 있습니다. 보통은 이런 차이를 다른 동사를 써서 표현합니다. 이를테면 "그를 사랑한다"고 말할 때는 "I love him"이라고 하고, "사랑에 빠지는 중"이라는 진행의 의미를 강조하려면 "I am falling in love with him"으로 표현하는 것이 대표적인 경우입니다.

현재에 집중한다는 것

영어의 시제 표현에서 진행형이 대세입니다. 단순현재형이 사실이나 습관적인 일에 국한해 사용되는 데 비해, 현재진행형이 지금 일어나고 있는 일을 표현하는 유일한 시제로 자리 잡았지요. 게다가 진행형은 과거시제나 완료시제와 결합한 형태로도 점점 더 자주 등장하며, 때로는 상태동사를 강조하기 위해서도 사용됩니다.

이처럼 진행형의 사용이 늘어나는 이유에 대해 생각해봅니다. 근대 이후 급속하게 세계로 진출한 영어에 진행형의 역동성이 잘 어울리기 때문일까요? 옛날보다 시간의 개념이 더 중요해졌기 때문일까요? 현대인들은 시시때때로 울리는 핸드폰을 통해 지금 뭐얼 하고 있느냐는 질문을 받곤 하지요. 그에 대응하느라 진행형에 익숙해진 걸까요?

진행형의 유행은 우리가 집중하고 있는 것이 과거도 미래도 아닌 바로 지금이라는 점을 무의식적으로 드러내는 것처럼 보입니다. 많은 일들이 동시에 일어나는 현대사회에서 살아남기 위한 최선의 언어 수단이 진행형인지도 모르겠습니다. 그런데 너무 바쁘게 돌아가는 눈앞의 일에 집중하다가 정작 자신의 지난 시간을 돌아보거나 다가올 미래의 시간을 생각해볼 여유는 잃어버리고 있는 것 같아 조금 서글픈 마음도 드네요.

영어는 대체 왜 그런가요

17

작은 관사에 담긴 큰 차이

때로는 문장 구조라는 큰 틀보다도 작은 요소들이 문장을 잘 만드는 데 더 까다롭게 작용합니다. 대표적으로 한국어에는 없는 영어의 '관사article'가 그렇지요. 우리가 영어를 배울 때, 관사를 사소하게 여기기 쉽습니다. 한국어에는 없는 품사라서 낯설기도 하거니와 조금 틀려도 대단한 오류는 아닌 것 같아 보이거든요. 하지만 관사를 잘못 쓰면 의미가 전혀 다르게 전달되기도 합니다. 다음 예는 여러 해 전에 가르쳤던 저의 제자가 들려준 이야기입니다.

이제는 중견 기업 관리자가 된 P는 영어를 상당히 잘하는 편입니다. 해외에 자주 다녀서 발음도 좋고요. 언젠가 미국 출장길에서 겪은 일인데, 그가 식당에서 식사를 마칠 무렵 "Can I have a bill?"이라고 했더니 맥주를 가져오더랍니다. 식당의 서비스도 아니었고 본인이 bill을 beer로 발음한 것도 아닌데, 영문을 알 수가 없었다고 하더군요.

문제는 bill 앞에 사용한 'a'에 있었던 것 같습니다. 부정관사 a는 '여러 개 중에서 어떤 하나'라는 뜻입니다. 내가 식사한 계산서는 여럿 가운데 아무거나 하나가 아닌, 특정한 것이므로 the bill이라고 해야 합니다. 그런데 식당 종업원에게 the는 들리지 않고 a만 귀에 들어왔으니, bill이라고는 생각하지 못하고 오히려 beer를 잘못 발음한 것으로 오해해서 생맥주를 가져온 것이지요. 이렇듯 관사는 사소해 보이지만 영어를 정확히 구사하려면 결코 무시할 수 없는 요소입니다.

관사는 모자 같은 것

영어에서 가장 많이 쓰이는 단어가 무엇인지 아세요? 바로 the입니다. 관사 a/an, the는 영어로 된 텍스트의 8.5% 가량을 차지할 정도로 자주 사용됩니다. 관사의 '관冠'은 '갓'이라는 뜻인데, 갓은 과거에 양반들이 밖에 나갈 때 반드시 써야 하는 것이었지요. 흔히 '명사에 관사가 붙는다'고 표현하는데 그보다는 이를 한국어로 처음 번역한 사람의 해석처럼 '명사가 문장에 나타나려면 꼭 쓰고 나와야 하는 모자 같은 것'이라고 이해하는 편이 낫습니다.

이렇듯 관사는 명사의 성격을 나타내는 한정사determiner로 기능하는데, 사실 영어의 명사는 한정사와 함께 쓰이는 경우가 그렇지 않은 경우보다 훨씬 더 많습니다. 한정사에는 this 같은 지시사demonstrative, my 같은 소유형용사possessive adjective, much 같은 수량사quantifier도 포함됩니다. 영어의 관사는 프랑스어나 스페인어처럼 성별을 구분하지는 않고, 일반적인 것을 뜻하는 부정관사indefinite article와 특정한 것을 뜻하는 정관사definite article, 두 종류로 나뉩니다.

영어 관사가 어려운 점은 크게 두 가지입니다. 첫째, 어떤 명사에 부정관사 a/an을 쓸지 말지를 결정하기가 어렵습니다. 영어는 한국어와는 달리 명사를 셀 수 있는 명사(가산명사라고도 함, apple, book, bottle, call 등)와 셀 수 없는 명사(불가산명사라고도 함, water, rice, rain, love, freedom 등)로 구분하고 셀 수 있는 명사에만 부정관사를 붙이기 때문입니다.

둘째, 영어 정관사 the를 쓸지 말지를 결정하기가 어렵습니다. 한국인뿐 아니라 영어를 배우는 모든 외국인들에게 골치 아픈 일이라고 하죠. 주로 정관사는 '바로 그것'임을 확정하는 역할을 하는데, 관습적인 경우도 많고 어떻게 쓰는지 알 것 같다가도 예외적인 경우가 튀어나오기 때문에 쉽지 않습니다. 그럼 관사에 대해 차근차근 알아볼까요?

부정관사, 셀 수 있어야 쓴다

부정관사 a/an은 셀 수 있는 명사 단 하나 혹은 여럿 가운데 하나를 나타낼 때 쓰입니다. 따라서 우선 셀 수 있는 명사와 셀 수 없는 명사를 구분해야 하죠. 구체적 사물은 대체로 셀 수 있는 명사에 해당합니다. 반면에 구체적이지만 액체처럼 셀 수 없거나 쌀·밀가루·물·치즈(rice, flour, water, cheese)처럼 세기 어려운 경우는 물론이고, 가구·짐·장비(furniture, luggage, equipment) 등도 구체적 사물이 아닌 여럿을 아우르는 개념이라서 셀 수 없는 명사에 해당합니다. 같은 단어라도 문맥에 따라 유리라는 의미의 glass라면 셀 수 없고, 유리잔이라면 a glass나 two glasses처럼 셀 수 있지요. 셀 수 없는 명사에는 a cup of coffee나 a loaf(piece/slice) of bread처럼 단위를 붙여서 셀 수 있도록 만들지만, 자주 쓰는 단어에는 a coffee처럼 일반적으로 사용하는 단위를 의미하며 부정관사를 쓰기도 합니다.

추상명사와 관사가 만나는 경우	
주로 셀 수 있다고 취급하여 부정관사(a/an) 사용 및 복수형이 가능한 추상명사	effect, idea, issue, method, plan, problem, promise, shock, source, suggestion, remark 등
보통 셀 수 없다고 취급하여 부정관사는 사용 불가한 추상명사	advice, behavior, grammar, health, knowledge, money, music, information, shopping, smell, travel, wealth, work 등
대체로 셀 수 없다고 취급하지만 때때로 부정관사를 사용하면서 의미가 달라지는 추상명사	anger, difficulty, love, hatred, marriage, news, time, trouble 등

우리는 보통 구체적이지 않은 명사, 즉 추상명사도 셀 수 없는 명사라고 알고 있습니다. 하지만 그렇게 일반화할 수는 없어요. 추상명사인데도 의미상 셀 수 있다고 취급하는 단어도 꽤 있기 때문입니다. 위의 표를 보세요. 한국인뿐 아니라 다른 언어 사용자들도 영어의 furniture나 advice 같은 단어에 부정관사 a/an을 사용하고 싶은 충동(?)을 느낀다고 합니다. 가구 한 점, 충고 한 마디가 가능하지 않을까 싶은 거지요. 이런 명사들은 부정관사를 사용하지 않지만 정관사는 사용할 수 있습니다. 또 어떤 명사들은 부정관사와 함께 쓰이면서 의미가 달라지기도 합니다. 특히 마지막에 점선으로 분류해놓은 단어들은 추상명사가 부정관사를 만나면서 구체적 대상이나 특정한 상황을 가리키는 말로 바뀌는 경우를 종종 볼 수 있습니다. 예를 보시죠.

Love conquers all.

사랑은 모든 것을 정복합니다.

She once was **a true love** of mine.

그녀는 한때 나의 진정한 사랑(연인)이었다오.

Time flies like an arrow.

시간은 쏜살같이 흐릅니다.

It was **a time** for us.

그것은 우리를 위한 (특별한) 시간이었어요.

Marriage is made in heaven.

결혼(이라는 인연)은 천상에서 정해지지요.

It was **a marriage** which everyone hoped for.

그것은 누구나 바라는 그런 (종류의) 결혼이었다.

이처럼 부정관사 'a/an이 추상명사에는 붙을 수 없다'가 아니라, 'a/an이 추상명사와 함께 쓰이면 그 뉘앙스를 품은 구체적인 의미가 된다'고 이해할 수 있습니다. 즉 어떤 명사와 함께 쓰이는 관사가 정해져 있는 것이 아닙니다. 문장에서 사용하려는 의미에 따라 명사가 관사라는 모자를 쓸지 말지가 결정된다고 볼 수 있지요. 이 점은 정관사도 마찬가지입니다.

정관사, 서로가 아는 바로 그것

정관사는 특정한 것을 확정한다는 의미가 있습니다. 예외가 있긴 하지만 정관사의 사용 규칙은 간단합니다. '말하는 사람인 내가 판단하기에 듣는 사람도 내가 말하는 명사가 무엇인지를 알고 있다면 (적어도 같은 것을 떠올릴 수 있다고 믿는다면) 정관사를 쓰고, 그렇지 않다면 쓰지 않는다'는 것이죠. 예를 들어, 친구가 아이스크림 한 통을 주면서 "Put it in the fridge"라고 합니다. "이거 너희 집 냉장고에 넣어둬"라는 의미죠. 다짜고짜 정관사 the를 사용한 이유는 누구나 냉장고 하나쯤은 집에 있고 듣는 사람도 무엇을 말하는지 알고 있다고 여기기 때문입니다. 이때 특별한 이유로 우리집에 냉장고가 없다면 "Oh, I hate to tell you this, but I don't have a refrigerator"라고 답할 수 있습니다. "아, 이 말은 하기 싫지만…"이라고 덧붙이는 건 냉장고가 없어서 미안하다는 의미를 담고 있지요.

정관사를 일반적으로 '유일한 존재'에 쓰는 이유도 그것이 무엇인지 화자와 청자가 서로 분명하게 알기 때문이라고 볼 수 있습니다. 우리는 태양, 달, 지구가 유일한 것이기 때문에 정관사를 쓴다고 외웠죠(the sun, the moon, the Earth). 하지만 우주 시대가 되고 보니 달도 태양도 여럿일 수 있다는 걸 알았습니다. 이제 상황에 따라 a sun, a moon, two suns, many moons가 모두 가능하지요.

우리는 특정한 것을 확정하는 정관사의 성격 때문에, 반드시 부정관사를 써서 일반적 명사를 먼저 언급하고 다음에 다시 언급할 때에야 비로소 정관사를 쓸 수 있다고 배웠습니다. 즉, "A police officer came"(어떤 경찰관이 왔다)이라고 말하고 나서 "The police officer was wearing a uniform"(그 경찰관은 제복을 입고 있었다)이라고 말하는 식이죠. 하지만 어떤 상황에서는 얼마든지 처음부터 정관사를 사용할 수 있습니다. 한국의 행정조직에 대해 이야기하는 중이라면 다음과 같은 문장을 쓸 수 있지요. "The primary duty of the police officer is different from that of the firefighter."(경찰관의 일차적인 책임은 소방관의 책임과 다릅니다.)

그런데 고유명사에 정관사를 쓰는 법은 매우 복잡합니다. 도시(London), 공원(Central Park), 역(Penn Station), 호수(Lake Leman)의 이름에는 안 쓰고, 강(the Thames), 선박(the May Flower), 관공서나 공공건물(the White House, the British Museum), 일부 지역(the South), 반도(the Korean peninsula), 운하(the Panama Canal), 신문(the Washington Post), 그리고 복수형의 고유명사에서 나라 이름(the Netherlands), 산맥(the Alps), 군도(the West Indies), 호수(the Great Lakes), 대양(the Pacific Ocean), 국민(the French)이나 잡지(the Times)의 이름에는 쓴다거나, 교량이나 도로명은 특정한 것에만 쓰는 등 혼란스럽기 때문이지요.

이중에서 우리도 자주 쓰는 예를 하나 들어 볼까요? 나라 이름은 사람 이름처럼 Korea, China, Japan, France 등 정관사 없이 쓰지만 흥미롭게도 영어를 사용하는 대표적인 두 나라의 이름에는 정관사를 쓸니다. 미국the United States of America을 지칭할 때는 줄임말이라도 the U.S.나 the U.S.A, 영국the United Kingdom (of Great Britain and Northern Ireland을 지칭하면 the U.K.라고 정관사와 함께 써야 합니다. 그 이유는 국가명에 보통 명사인 states와 kingdom이 들어 있기 때문입니다. 같은 이유로 정식 국가명으로 쓸 때는 한국도 The Republic of Korea라고 정관사를 씁니다. 정관사가 없이 'US(A)' 'UK'가 눈에 띄는 이유는 인쇄의 편의상 생략한 경우입니다(하지만 잘못된 표현이지요).

대학의 이름도 비슷합니다. Harvard, Oxford, Brown, Sogang, Ewha 등 고유의 이름을 갖고 있을 경우에는 정관사를 안 쓰지만, 지명을 포함하면서 of로 특정화된 경우는 The University of California at Los Angeles처럼 정관사를 씁니다. 하지만 줄임말일 때는 UCLA라고 하며 정관사를 쓰지 않지요.

당연한 것 같지만, 셀 수 없는 명사에는 보통 관사를 쓰지 않습니다. "Oil is sleeky"(기름은 미끈거린다)나 "Misery loves company"(불행은 동반자를 좋아한다)와 같이 관사 없이 쓰면 됩니다. 이때 셀 수 없는 명사가 구체적이나 추상적이거나 상관이 없습니다. 복수형도 일반적인 의미로 사용할 때는 보통 관사를 쓰지 않습니다. "I really like dogs"(나는 개를 정말 좋아한다)처럼요. 그런데 종 전체를 가리키는 총칭generic reference으로 사용할 때는 다양한 패턴이 가능해서 셀 수 있는 명사는 보통 관사 없이 복수형으로(Dogs are faithful) 쓰지만, 부정관사와 단수형(A dog loves to eat more than a cat), 정관사와 단수형(The dog is an interesting creature)도 그런 뜻을 가질 수 있습니다. 그래서 관사가 복잡하다고 느껴지는 순간들이 있지만, 맥락을 살펴보면 이해하기는 어렵지 않습니다.

사실 정관사 사용에는 예외가 꽤 많습니다. 특정한 것을 의미하지 않는데 정관사를 쓰기도 하지요. 이를테면 특정한 영화를 보러 가는 것도 아닌데 정관사를 써서 "Let's go to the movies"(영화 보러 가자)라고 하고, 특정한 병원을 뜻하지 않는데도 "You should go to the hospital"(너는 병원에 가봐야 해)이라고 합니다. 이때 정관사를 사용한 것은 어떤 영화를 보든 특정한 영화관에 가는 것이고, 동네에는 큰 병원이 하나쯤 있으니 그리로 가라는 뜻이기 때문입니다. 하지만 똑같은 말을 인도에서는 "Let's go see the movie"라고 단수를 더 자주 쓰고, 영국에서는 "You should go to hospital"이라고 말합니다. 게다가 in the future, in the spring은 미국식이고 in future, in spring은 영국식이라고 할 정도로 지역마다, 심지어 사람마다 다르게 사용하기도 합니다.

복잡해 보이지요? 물론 관사의 사용법은 관습적인 면도 많고 예외도 적지 않지만, 일반적인 사용 원칙을 토대로 문맥 속에서 파악하면 너무 어렵게 여길 이유는 없습니다. 흥미롭게도 많은 학생들이 관사는 글을 쓸 때만 중요하고 말로 할 때는 대충 얼버무려도 괜찮은 것 아니냐고 믿고 있습니다. 핵심은 사소해 보이는 관사가 미묘한 뉘앙스 차이는 물론 때로는 큰 의미의 차이를 불러온다는 사실을 인지하는 일입니다. 물론 맨 처음에 예를 든 것처럼 말로 할 때도 마찬가지이고요. 그런 예들을 더 살펴볼까요?

영어는 대체 왜 그런가요

관사 하나가 있고 없고의 큰 차이

관사를 잘못 쓰면 의도치 않게 이상한 의미가 되어버리기도 합니다. 마크 페터슨이 쓴 『일본인의 영어』라는 책에 이런 예가 나오지요. 미국인 저자는 일본인 친구가 "Last night, I ate a chicken in the backyard"라고 말했을 때 깜짝 놀랐다고 합니다. 그 친구가 마당에 뛰어다니던 닭을 잡아 피 흐르는 채로 뜯어 먹는 모습이 상상되었기 때문입니다.

왜 그랬을까요? "I had a chicken last night"은 "나는 어젯밤 (여럿 중에 하나였던, 즉 살아서 돌아다니던) 닭 한 마리를 잡아서 그대로 먹었다"는 뜻이 됩니다. 반면 "I had chicken last night"은 "나는 어젯밤 닭고기를 먹었다"는 뜻이고요. 이 차이를 이해하겠는지요? 닭고기 요리를 먹은 거라면 관사 없이 chicken을 써야 합니다. 살아 있는 동물은 하나씩 셀 수 있는 명사이지만, 음식으로서의 고기는 셀 수 없는 명사이기 때문입니다.

물론 통닭집이나 오리 통구이집에서 주문하는 경우라면 요리된 닭과 오리의 수를 셀 수 있습니다. 하지만 그런 특수한 상황이 전제되지 않는다면 '동물'과 '고기'를 구별해서 관사를 사용해야 합니다. 이 점은 동물과 고기의 명칭이 같거나 다르거나 마찬가지입니다. 소는 cow이고 셀 수 있지만, 소고기는 beef이고 셀 수 없죠. 그러니까 닭 한 마리를 통째로 잡아먹는 여유가 하는 말이 아니라면 "I had a chicken for lunch"

는 피하는 것이 좋겠습니다.

관사를 쓰느냐 안 쓰느냐 혹은 부정관사 a/an을 쓰느냐 정관사 the 를 쓰느냐에 따라 비슷해 보이는 문장의 의미가 어떻게 달라질 수 있는 지, 다음 문장들에서 비교해볼까요? 셀 수 없는 명사 music과 셀 수 있 는 명사 book의 경우를 살펴보겠습니다.

I like music.

나는 음악을 좋아해.(일반적으로 음악을 좋아한다는 뜻)

* I like a music.(음악은 셀 수 없으므로 부정관사를 쓸 수 없음)

* I like musics.(음악은 셀 수 없으므로 복수형도 쓸 수 없음)

I like the music.

나는 그 음악이 좋아.(일반적으로 음악을 좋아한다는 뜻 말고 특정 장르나 곡이 좋다면 정관사 사용)

* I like book.(책은 셀 수 있으므로 관사 필요)

I like books.

나는 책을 좋아해.(일반적인 책은 복수형으로 표현)

I'd like to bring a book for my trip.

나는 여행에 아무 책이나 한 권 들고 가고 싶어.(여러 가능한 책들 중의 하나라는 뜻으로 셀 수 있으므로 부정관사 사용)

I like the book.

나는 그 책을 좋아해.(특정한 책 한 권이 좋다면 정관사 사용)

영어는 대체 왜 그런가요

I like the books.

나는 그런 책들을 좋아해.(특정한 책들이 좋다면 복수형에 정관사 사용)

이처럼 명사에 정관사를 사용한다는 것은 주로 일반적인 경우로부터 특정한 경우를 구별한다는 의미가 있습니다. 관사 없이 "Flowers are beautiful"이라고 하면 일반적으로 꽃이 아름답다는 의미죠. 하지만 우리가 거닐고 있는 이 정원에 핀 꽃을 말한다면, 특정한 꽃들을 뜻하므로 정관사와 함께 "The flowers are beautiful"이라고 표현합니다. 같은 맥락에서 "I like fish"는 물고기를 좋아한다는 뜻이고, 음식에 대해 말하는 경우라면 생선을 좋아한다는 뜻이지만, 수족관에서 관찰하고 있는 특정한 물고기나 식사 중에 요리된 생선을 지칭한다면 the fish라고 합니다. 그래서 어떤 상황을 전제로 한다면 처음 말하는 명사에도 정관사를 쓸 수 있는 것이지요.

이처럼 관사는 뒤따르는 명사에 확실히 어떤 의미를 부여합니다. 부정관사 a/an은 여러 가능한 경우 중의 하나임을 알려주고 정관사 the는 어떻게든 뒤에 오는 명사를 특정한 것으로 한정해주지요. 정관사 사용법은 복잡하고 설명하기 어려운 경우도 있지만, 보통은 문맥을 이해하면 납득이 갑니다. 예를 들어 "Go to bed"(네 침대로 가서 자라)는 분명히 특정한 침대로 가라는 뜻이긴 하지만, 침대라는 물건보다는 잔다는 '행위'에 중점을 둔 것이므로 "Go to your bed"라고는 해도 "Go to the bed"라고 정관사를 사용하지 않습니다. 건물이나 물건 자체보다는 그와 관련된 '행위'를 가리키기도 하는 명사들, 특히 학교(school, college, class)와 법정(court, prison, jail)에 관련된 단어들은 이런 식으로 관사 없이 씁니다. 영어에 자주 쓰이는 진행형에 대해 이야기할 때 다음과 같이 첫 번째와 두 번째 문장의 의미가 달랐지요? 이번에는 세 번째 문장에서 정관사 the의 의미를 고려해보세요.

I go to school.

나는 학교에 다닌다.(공부하는 학생이라는 뜻)

I am going to school.

나는 지금 학교에 간다.(학교에 가는 중이라는 뜻)

I am going to the school.

나는 지금 그 학교로 간다.(특정한 건물로 간다는 뜻)

정관사를 쓰면 건물 본래의 용도를 위해서가 아니라 다른 것을 하러 간다는 의미가 됩니다. 일반적으로는 어색한 문장이지만, 그 건물을 개조하느라 드나드는 건축가라면 자연스럽게 사용할 법한 문장입니다. 이러한 사실을 인지하지 못한 채 관사를 사용하거나 혹은 빠뜨린다면 의도치 않게 조금 다른 의미가 되고 마는 것입니다.

많은 사람들이 생각하는 것처럼 말을 할 때는 관사를 좀 잘못 쓴다 하더라도 순식간에 지나가므로 그리 문제가 되지 않을지도 모릅니다. 하지만 글을 쓸 때는 좀 더 주의해야 하지요. 곧장 틀린 문장이 되거나 전혀 다른 뜻을 전달하게 될 수 있으니까요. 어떤 관사가 왜 필요한지 적절히 분별하는 센스를 갖춘다면 섬세한 영어에 한 걸음 가까워질 수 있습니다.

18

전치사로 더 풍성해지는 의미

앤드루 카네기를 아시나요? '철강왕'이라는 별칭을 가진 미국의 역대급 부호이지요. 스코틀랜드에서 가난한 직조공의 아들로 태어나 어린 시절에 정규 교육을 거의 받지 못했을 만큼 가난했지만, 미국으로 이민 가서 사업에 성공했습니다. 특히 말년에는 수많은 도서관을 지으며 자선사업에 몰두했고 사후에는 재산의 90%를 사회에 되돌렸지요. 철도와 철강 산업에서 막대한 부를 이룬 수단과 방법에 대한 논란도 적지 않지만, 동생이 죽고 자신도 병에 걸려 죽을 뻔한 이후 달라졌다고 합니다. 부를 환원하고 민주주의 제도를 연구하고, 세계 평화를 추구한 행보 등을 보면 한마디로 단정 지어 말하기 어려운, 좀 복잡한 인물이지요.

그런 그가 평소 말하기의 원칙으로 삼은 두 가지가 있습니다. "Be yourself. Don't try to be an orator" 그리고 "Talk to people, not at them"입니다. 전자는 "늘 자기 자신이 되자. 어느 멋들어진 연설가가 되려 하지 말고"라는 뜻이죠. 그렇다면 후자에서 'talk to people'과 'talk at people'의 차이는 무엇일까요? 사람들을 향해 함께 이야기하는 것과 사람들에게 일방적으로 말하는 것이죠. 이것이 전치사 하나가 가져오는 엄청난 의미의 차이입니다.

이처럼 전치사의 중요성을 느끼게 하는 또 다른 예는 미국 16대 대통령 에이브러햄 링컨의 명연설입니다. 외국인의 눈에 비치는 현재의 미국은 하나의 단일한 나라이며 우리는 미국인들이 한때 남북전쟁이라는 내전을 겪었고 남북의 문화가 아주 다르다는 사실을 잊곤 합니다. 하지만 현지에 사는 사람들에게는 그렇지 않죠. 그래서인지 전후 남북의 통합이라는 어려운 일을 해낸 링컨 대통령은 미국에서 가장 사랑받고 존경받는 역대 대통령들 중 늘 세 손가락 안에 꼽힙니다.

그는 게티스버그의 치열했던 전장에 서서 미국을 건설한 선조들과 남북전쟁에서 죽어간 병사들을 기억하며, 자유와 평등이라는 기반 위에 세운 미국이라는 나라의 영속성에 대해 이야기합니다. 이 연설의 마지막 구절은 많은 한국인들도 기억할 만큼 민주국가를 잘 표현한 말로 유명하죠. "Government of the people, by the people, for the people, shall not perish from the earth."(국민의, 국민에 의한, 국민을 위한 정부는 지구상에서 사라지지 않을 것입니다.) 평소에는 대단치 않게 보이는 전치사이지만 이 문장에서는 하나하나 의미의 차이가 느껴지지 않습니까?

전치사는 영어의 갖가지 조사

전치사prepositions는 영어의 대표적인 기능어로 대부분이 한 음절인 짤막한 단어들입니다. 전치사구의 맨 앞에(pre-) 다른 요소들보다 먼저 놓인다(position)라는 의미로 전치사라고 부르는데, 주로 그 뒤에 오는 명사와 앞 단어와의 관련성을 표현해줍니다. 전치사는 한국어의 조사와 같은 느낌인데, 사실 그 문법적인 성격도 같습니다. 영어 전치사의 예로는 'about, above, across, after, ahead, against, around, at, away, before, behind, below, beneath, beyond, by, for, from, in, into,

영어는 대체 왜 그런가요

정적인 상태를 표현하는 전치사	움직임을 표현하는 전치사
in, on, at : ~에(시간, 위치) in front of, behind : ~ 앞에, ~ 뒤에 over, under : ~ 위에, ~ 아래 by : ~ 옆에, ~에 의해(원인) of : ~의(소유) with : ~와 함께, ~를 가지고 이용해서(도구) above/below : ~의 위에/아래에	from : ~에서부터(출발점) to, toward : ~에게, ~를 향해서(도착점) into : ~ 안으로 through : ~을 통과하여 over : ~의 위로

near, of, off, on, out, over, through, to, toward, under, with' 등이 있습니다. 이들은 한국어의 조사 '-은, -는, -이, -가, -을, -와, -로, -에, -에게, -에서, -부터, -까지' 등과 비슷한 의미를 지니며, '시간, 장소, 방향, 소유, 참여자, 도구'의 표현을 나타내는 데 사용됩니다. 상황 맥락에 따라 달라지긴 해도, 전치사의 의미 영역은 위와 같이 크게 '정적인 상태'를 표현하는 경우와 '움직임'을 표현하는 경우로 구분할 수 있습니다.

　한국인들이 자주 헷갈리는 전치사 가운데 시간과 장소 표현에 많이 쓰는 세 가지 in, on, at이 있습니다. 즉, in은 '~안에, ~속에' 정도의 뜻인데 특정하기 어려운 시간, 상대적으로 긴 기간, 도시나 나라처럼 큰 장소, 사방이 막힌 장소와 사물의 내부를 표현하거나 작은 교통수단 안을 가리킬 때 씁니다. 반면에 on은 '~의 위에'라는 뜻으로 in보다는 짧지만 하루나 주말처럼 일정한 지속 기간이 있는 시간, 길거리의 불특정한 위치, 한 지점의 위에 있을 때, 큰 교통수단에 탈 때와 특히 그것이 움직이고 있는 경우에 씁니다. 마지막 at은 주로 작은 지점에 쓰이는데

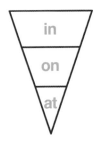

See you **in** 2020. See you all **in** May.
We live **in** Korea. Meet me **in** the room.
Get **in** the car. I'll finish **in** an hour.

See you **on** Sunday. See you **on** May 5th.
We lived **on** Chestnut Street. Get **on** the bus.

See you **at** nine o'clock. Meet me **at** the corner.

'~에'라는 의미로, 몇 시 몇 분처럼 정확한 시점, 집 주소처럼 명확한 지점이나 학교와 건물처럼 좁은 장소를 나타낼 때 씁니다.

이처럼 전치사는 각각의 특정한 경우에 따라 다양하게 활용되며, 같은 상황이라도 강조점이 다르다면 얼마든지 다른 것을 쓸 수 있습니다. 다음 예는 같은 문장에서 다른 전치사를 사용하면서 뜻이 조금 달라지는 경우를 보여줍니다.

We are **on** time.

우리는 제 시간에 (딱 알맞게) 도착한다.

We are **in** time.

우리는 시간 내에 (여유 있게, 넉넉하게) 도착한다.

We acted **on** the rules.

우리는 그 규칙에 대해 (항거해서) 행동했다.

We acted **by** the rules.

우리는 그 규칙에 따라서 (기계적으로) 행동했다.

It was a shock **for** him.

그것이 (다른 사람은 몰라도) 그 사람한테는 충격이었다.

It was a shock **to** me.

그것은 내게 충격이었다.(직접적인 충격)

He came **for** dinner.

저녁을 먹으러 그가 왔다.(목적)

He came **to** dinner.

집에 와서 저녁을 먹었다.(시간상 순서)

그런데 전치사는 단순히 명사 앞에 놓여 문장의 의미를 변주하는 것 말고도 그 쓰임새가 더 넓습니다. 좀 더 자세히 살펴볼까요?

전치사 수반 동사 첫 번째는 전치사가 앞의 동사구, 즉 동사(혹은 형용사)의 의미와 밀접한 관련이 있는 경우입니다. 이들을 전치사 수반 동사 prepositional verbs(전치사 동사라고도 함)라고 부르기도 합니다. 전치사로 인해 동사의 의미가 완성되거나 좀 더 분명해지기 때문이죠. 이를테면 "나한테 말을 해"라고 표현할 때, 다음과 같이 여러 동사로 말할 수 있습니다.

Please tell me.

나한테 얘기해줘.(상대가 할 말이 있거나 내가 들어야 할 말이 있을 때)

Please say something **to** me.

내게 한마디라도 좀 해.(상대가 아무에게도 한마디도 안 하고 있는 경우)

Please talk to me.

나에게 얘기 좀 해.(뭔가 할 말을 안 하고 있는 경우)

Please speak to me.

나한테 말 좀 해.(내게만 말을 안 걸고 있는 경우)

여기서 '~을 향해'라는 의미의 전치사 to가 필요한 경우와 그렇지 않은 경우는 동사 자체의 의미와 밀접한 관련이 있습니다. 즉 say, speak, talk에는 방향의 의미가 없이 '말하다'라는 뜻이므로 나한테 말을 하라고 할 때 전치사 to가 반드시 필요하지만, tell은 직접 사람에게 이야기할 때는 tell me라고 합니다. 물론 tell something to someone이 가능하지만 이때는 tell과 someone의 간격이 멀어져 있죠. 여기서 같은 전치사를 사용해도 각 동사의 미묘한 차이와 결합하여 전달하는 의미가 달라진다는 것을 알 수 있습니다. 이러한 전치사의 쓰임은 달리 설명할 길이 없이 그저 두 단어가 함께 쓰여야 자연스럽기 때문에 앞서 설명한 '연어collocation 구조'와 다를 바 없습니다. 다음 두 경우를 비교해봐도 그렇습니다.

agree **to** something(proposal, opinion)

~에 동의하다

agree **with** someone

~와 동감하다, 생각을 같이 하다

어째서 같은 단어인 agree를 사용하는데 뒤에 의견이 오면 to를 쓰고 사람이 오면 with를 쓰는지는 '방향성이 있을 경우'와 '~와 동감한다'는 의미의 차이가 약간 있기는 하지만 특별한 이유가 따로 없기 때문에 거의 임의적으로 보입니다. 적절하고 명확한 의미 전달을 위해 특정한 전치사를 필요로 하는 동사들이 상당히 많아서 말미에 표로 정리했으니 참고하시기 바랍니다.

구동사 다음은 동사가 전치사(사실 이때의 기능은 불변화사)와 더 긴밀하게 결합하여 본래 동사의 뜻과는 다른 의미로 쓰이는 경우입니다. 이를 구동사phrasal verbs라고 부르는데, 이때 전치사는 명사 앞에 쓰여 전치사구를 이끌기보다는 동사와 좀 더 가까이 결합하며 부사처럼 쓰인다고 앞에서 설명했습니다.

저는 미국 필라델피아의 길거리 한복판에서 작은 꼬마가 길 건너의 한 남자를 발견하고 흥분해서 크게 소리친 순간을 잊을 수가 없습니다. 너무 당황스러웠는데, 남자의 머리카락은 아프리카산 전기뱀장어처럼 밝은 파란색이었고, 그 아이는 다름 아닌 제 아들이었기 때문이지요.

Look! Look over there. Look at his hair! It's blue!

봐봐! 저기 좀 봐! 저 사람 머리를 봐! 새파랗잖아!

아이는 일단 좀 보라는 뜻으로 'Look!'이라고 말하고 나서, 거리가 머니까 over를 부사로 사용해서 'over there'라고 덧붙이고, 머리카락이라는 구체적인 지점을 보라는 뜻으로 전치사 at을 사용해서 'look at'이라고 표현했습니다. 여기까지는 전혀 어렵지 않습니다.

외국인이 이해하기 어려운 점은 동사 look이 다른 전치사들과도 함께 쓰이고, 특히 for, after, into 등과 연결되면 본래 뜻인 '보다'에서 꽤 멀어진다는 것입니다. 즉 동사와 전치사가 밀접하게 결합되어 통째로 새로운 의미를 띠게 됩니다.

He was **looking for** you.

그는 당신을 찾고 있었다.

She **looked after** her grandmother.

그녀는 그녀의 할머니를 돌보았다.

I will **look into** the problem.

나는 그 문제를 자세히 조사할 것이다.

I **look forward to** meeting you.

나는 당신을 만나기를 고대한다.

영어는 대체 왜 그런가요

이렇게 자주 쓰이는 쉬운 동사들과 전치사(불변화사)가 밀접하게 결합하여 새로운 의미를 갖게 되는 구동사의 경우는, 동사와 전치사 각각의 의미를 안다고 해도 그 의미를 추측하기가 어려울 수도 있습니다. 다음의 예에서 뜻을 짐작해 보세요.

I got **tired of** him.

(그가 피곤하게 느껴질 정도로 지겹고 싫증이 났다는 뜻)

Why do you have to **put up with** her?

(그녀를 인내하고 참아준다는 뜻)

You need to **take** it **in** a little.

(무엇인가의 길이를 약간 줄인다는 뜻)

You should **water** it **down.**

(무엇인가(액체)에 물을 타서 더 묽게 만든다는 뜻)

특히 영어에서 자주 쓰는 동사들인 come, find, get, give, go, have, look, make, put, say, take 등에 전치사를 더해 새로운 의미가 되는 경우가 많은데, 관용구나 새 단어처럼 외워야 할 때가 많습니다. 다음의 경우는 쉽게 짐작되는 의미인지 가늠해보세요.

go (가다)   go on (계속하다) / go over (훑어보다)

give (주다)   give in (항복하다) / give up (포기하다)

take (가져가다)	take off (이륙하다) / take over (점령하다)
come (오다)	come across (우연히 만나다) /
	come up with (제시하다)
put (두다)	put off (연기하다) / put up with (참다)

새로운 의미를 짐작하기가 조금 어려운 경우도 있지요? 물론 구동사에서도 on은 '지속'을, up은 '중시'나 '위쪽 방향'을, down은 '아래쪽 방향'을 가리키는 등 전치사의 기본적인 의미는 유지됩니다.

관용적인 전치사구 전치사가 자주 쓰이는 또 다른 방식은 관용적인 전치사구입니다. 전치사와 명사가 결합하여 관용구로 굳어져 동사처럼 혹은 형용사구나 부사구 또는 접속사처럼 쓰이는 것들이지요.

Bring umbrellas, **just in case** it rains.

혹시라도 비가 올 경우를 대비해서 우산을 가져오세요.

Tilt your umbrellas **in order to** stay dry.

젖지 않으려면 (건조하게 유지하려면) 우산을 기울이세요.

In spite of the pain, he managed to call her.

그 고통에도 불구하고(고통스러웠지만), 그는 그녀에게 간신히 전화했다.

I made inquires **with regard to** my grade.

나는 내 성적과 관련해서 정식으로 문의를 했다.

According to the law, you should not use phones while driving.

그 법률에 의하면 당신은 운전하면서 전화를 사용해서는 안 된다.

The merger was a sucess **in terms of** cost efficiency.

그 합병은 비용 효율성 면에서 성공이었다.

위의 예에서 알 수 있듯이, 이 경우도 단어 각각의 의미를 안다 해도 전체의 의미를 알기가 쉽지 않습니다. 역시 따로 외워두어야 하는 경우인 셈이지요.

작은 전치사가 가져오는 의미 차이

앞에서 영어의 전치사가 한국어의 조사와 구조적으로 유사하다고 말했습니다. 한국어에서 앞에 나온 명사에 조사를 붙여 쓰듯, 영어의 전치사도 뒤에 오는 명사와 결합하지요. 하지만 지금까지 살펴보았듯이 어떤 조사, 어떤 전치사를 사용할지는 동사에 달려 있는 경우가 많습니다. 한국어도 "감기를 앓다, 감기에 걸리다"에서 '앓다'일 때는 '를'이 오지만, '걸리다'일 때는 '에'가 오죠. 영어도 마찬가지입니다. 즉 전치사가 구조적으로는 뒤에 나오는 명사와 더 가깝게 결합하지만, 동사의 의미를 완성시키고 있다는 사실을 잊지 말아야 합니다. 어떤 동사는 전치사구가 있어야만 비로소 그 의미가 완성되기도 하니까요.

앞서 예로 들었던 speak 동사를 다시 한 번 생각해볼까요? "어제 그에게 이야기했다"라는 의미라면 "I spoke **to** him yesterday"라고 전치사 to를 꼭 써야 합니다. 하지만 어떤 언어를 할 줄 안다고 말할 때는 "I speak Korean(English, Chinese, Italian, etc.)"이라고 speak 다음에 동사의 보충어로서 목적어인 해당 언어를 바로 말합니다. 즉, speak 동사의 구체적인 의미에 따라 보충어를 사용해 다르게 완성하는 구조직 신택지가 따로 있는 셈이지요.

유용한 정보를 덧붙이자면, 한국인의 영어에는 한국어의 조사 사용 방식 때문에 영어의 전치사 사용에 영향을 받는 경우가 많다는 점입니다. 예를 들어, 한국어로는 "누구와 결혼한다"고 말할 때 조사 '와'를 사용하지만, 영어로는 "He married his highschool sweetheart" 또는 "Marry me!"처럼 with 같은 전치사 없이 목적어를 바로 씁니다. 같은 맥락에서 divorce와 date 동사에도 전치사가 필요 없지요. 이런 오류가 자주 발생하는 동사로 answer, discuss, survive, greet, enter, explain, introduce, mention 등이 있습니다.

반면, 'listen to music', 'travel around Europe', 'talk to him' 등은 전치사가 꼭 필요한 경우인데도 한국어식으로 생각하다가 전치사를 쓰지 않게 되는 경우입니다. 게다가 어떤 경우에 어떤 전치사를 쓸지, 이를테면 "He did this to me"라고 할지 혹은 'for me'라고 할지 헷갈리는 등 영어 전치사는 종종 우리에게 골칫거리로 느껴지지요.

영어는 대체 왜 그런가요

이렇듯 전치사도 관사 못지않게 '작지만 큰 의미 차이를 가져오는 요인'임을 알 수 있습니다. 따라서 전치사 자체가 갖는 의미와 전치사와 다른 단어가 결합하여 쓰이는 경우를 주의해서 알아둘 필요가 있지요. 다음 장에서는 작지만 때때로 큰 의미 차이를 가져오는 또 다른 요소인 대명사에 대해 살펴보겠습니다.

전치사 수반 동사

To	For	From	With
adapt to	admire for	abstain from	agree with
add to	apply for	borrow from	be acquainted with
admit to	ask for	distinct from	argue with
agree to	apologize for	escape from	associate with
apologize to	beg for	graduate from	begin with
appeal to	blame for	hide trom	charge wlth
belong to	care for	infer from	coincide with
compare A to B	excuse for	prevent from	collide with
contribute to	good for	protect from	compare with
devote to	head for	recover from	(compare to)
explain to	long for	refrain from	confront with
get married to	pay for	rescue from	confuse with
give to	pray for	resign from	cover with
happen to	prepare for	retire from	deal with
lead to	scold for	restrict from	discuss with
listen to	search for	save from	face with
object to	vote for	separate from	fight with
prefer A to B	wait for	stem from	help with
react to	wish for	suffer from	interfere with
refer to	work for		meet with
reply to			provide with
speak to			share with
talk to			tamper with

영어는 대체 왜 그런가요

turn to

write to

On	About	In	At
agree on	argue about	absorb in	aim at
base on	ask about	confide in	arrive at
blame on	boast about	interested in	bark at
comment on	bring about	involve in	glance at
concentrate on	care about	major in	knock at
congratulate on	concern about	participate in	look at
count on	decide about	persist in	laugh at
decide on	dream about	result in	marvel at
depend on	forget about	specialize in	point at
elaborate on	know about	succeed in	protest at
impose on	laugh about	trust in	smile at
insist on	talk about		stare at
play on	tell about		wink at
plan on	think about		
spend on	warn about		
rely on	worry about		
turn on	write about		
work on	(+complain about)		

Against	Of
fight against	approve of
protect against	accuse of
protest against	ashamed of
vote against	compose of
	consist of
	get ride of
	get tired of
	remind of
	rob of
	suspect of
	think of

19

대명사를 잘 써야 영어답다

영어와 한국어로 '사랑한다'는 말을 어떻게 할까요? 각각 "I love you"와 "사랑해"겠지요? 이때 영어에서는 주어 'I'와 목적어 'you'를 생략하지 않지만, 한국어에서는 보통 이것들을 생략합니다. "너를 사랑해" 정도는 괜찮지만 "나는 너를 사랑해" 하고 주어와 목적어를 모두 말하면 낯설고 딱딱하게 느껴지지요. 왜 그럴까요?

영어와 한국어는 '대명사' 사용법에 큰 차이가 있습니다. 영어는 문장에서 주어와 목적어를 반드시 명시하지만, 한국어는 의미가 통하면 대체로 생략합니다. 또한 영어는 앞에서 사용한 명사구나 고유명사가 뒤에서 다시 나올 때는 대명사로 대신한다는 암묵적인 규칙이 있는 반면, 한국어는 대명사를 거의 사용하지 않지요.

모든 언어는 이처럼 크게 '대명사를 명시하지 않아도 되는 언어'와 '대명사를 명시하는 언어'로 나뉠 수 있습니다. 대명사를 명시하지 않는 언어를 대명사생략언어pro-drop language라고 부르죠. 한국어는 일본어, 중국어, 페르시아어, 스페인어, 이탈리아어 등과 함께 대명사생략언어에 속합니다. 반면 영어는 대명사생략언어가 아닙니다. 이 점은 독일어, 프랑스어 등이 영어와 같습니다.

You can do? You can do it!

영어 문장에서는 명령문을 제외하면 맥락을 통해 대명사가 무엇을 가리키는지 알 수 있어도 생략하지 않습니다. 빠르게 주고받는 대화나 알림 쪽지 같은 데서 주어나 목적어를 간혹 생략하는 경우가 있긴 하지만 드문 편이지요. 영어는 문장 구조상 필요한 주어와 목적어가 없으면 비문이 되기 때문입니다. 이를테면, 공차기에 대해 이야기하면서 "I kicked it(=the ball)"이라고 할 때, it이 the ball인 걸 누구나 알아도 생략하면 안 됩니다. "I kicked"만 쓰면 구조와 의미 모두가 잘못된 문장이 되니까 그렇습니다.

한국인이 영어로 말할 때 주어를 생략하는 일은 거의 없습니다. 그런데 목적어를 생략해버리는 경우는 종종 있죠. 최근 TV 노래 경연 프로그램에서 어느 개그맨이 출연자를 응원하며 "You can do!"라고 외치는 것을 들었는데요. 노래를 잘해서 상을 타든 경연 상대를 이기든, 할 수 있는 일의 대상이 무엇인지 보충어인 목적어로 반드시 표현해주어야 합니다. 적어도 "You can do it!"이라고 하는 게 좋겠죠.

스포츠 브랜드로 유명한 나이키의 슬로건도 "Just do"가 아니라 "Just do it"입니다. 원래 영화배우인 샤이아 러버프의 2분도 안 되는 짧은 연설에서 나온 구절입니다. "Stop giving up. Make your dreams come true"(포기하기 마. 너의 꿈을 이뤄)라고 힘주어 말하는 연설이죠. 그런데 이 말을 너무 심각하고 무섭게까지 강요(?)해서 오히려 웃음을 유발하는 동영상이 유튜브에 돌아다니고 있습니다. 음악과 함께 여러 리믹스 영상이 만들어지면서 인기를 끌기도 했지요.

여기서 그가 후렴구처럼 하는 말이 바로 "Just do it!"입니다. "What

are you waiting for? Do it. Just do it"(뭘 기다리고 있어? 그걸 해. 그냥 그걸 해!) 여기서 it은 딱히 무엇을 의미하는지 모를 대명사이지만, 생략해선 안 된다는 점만은 분명합니다.

마이클 잭슨의 노래 〈Beat it〉도 비슷합니다. 이 명령문에서 it이 무엇인지는 분명치 않죠. 본래는 Beat a retreat로 '도망가라, 피해라' 정도의 의미라고 합니다. 동사 beat은 타동사입니다. 일반적으로 "Beat him"이라면 '그를 이겨라' 하는 뜻이고, "(It) Beats me"라는 말은 어떤 질문에 대한 답으로서 '그 질문이 나를 이겼다. 즉 모르겠다'는 의미로 쓰입니다.

〈Beat it〉이 히트하자 이 노래를 패러디한 〈Eat it〉이라는 노래가 나왔습니다. 들어보셨나요? 위어드 앨로 알려진 미국 가수 얀코빅이 불러서 반전 웃음을 주었죠. 편식하는 아이들에게 시리얼이든 닭튀김이든 불평하지 말고 뭐든지 먹으라는 내용을 마이클 잭슨의 〈Beat it〉 뮤직비디오처럼 찍었거든요. 이 경우에도 eat을 보충해주는 목적어로서 불특정한 음식을 나타내는 대명사 it을 생략하지 않습니다.

목적어 생략 여부는 한국어와 영어의 어순 차이와도 무관하지 않습니다. 주어가 맨 처음 오고 동사가 그다음에 오는 순서는 두 언어가 같아요. 하지만 술어인 동사구 내에서 영어는 동사를 목적어보다 먼저 말하고, 한국어는 목적어를 동사보다 먼저 말합니다. "너를 사랑해"가 "사랑해 너를"보다 흔히 쓰는 순서죠. 물론 둘 모두 뜻은 같습니다.

사실 어순은 영어에서 더 중요합니다. 한국어에서 "나는 너를 사랑

영어는 대체 왜 그런가요

해"나 "사랑해 너를 나는"은 전자가 더 많이 쓰이긴 하지만, 둘 다 틀린 문장이 아닙니다. 조사 '는'과 '를'이 격을 나타내주기 때문에 어순에 관계없이 어느 쪽이 사랑하는 사람이고 어느 쪽이 사랑받는 사람인지 구분할 수 있습니다. 하지만 영어는 순서를 바꾸면 뜻이 달라지거나 비문이 됩니다. "I love you"를 "Love you I"라고 한다면 뜻은 미루어 짐작할 수 있을지는 몰라도, 명백하게 구조가 잘못된 문장이 되기 때문이죠. 게다가 "John loves Mary" 같은 문장은 단어의 순서를 바꾸면 "Mary loves John"으로 아예 뜻이 달라지죠. 영어에서는 조사가 아니라 주어와 목적어의 위치가 격을 나타내기 때문입니다.

한국인이 영어로 말할 때 동사구에서 목적어를 먼저 말하고 동사를 나중에 말하는 실수를 하는 경우는 드뭅니다. 다만 동사의 보충어로 필요한 목적어를 생략해버리는 경우가 종종 있죠. 다시 말하지만, 영어는 추측할 수 있다고 해서 필요한 목적어 명사구를 생략하지 않습니다. 영어에서 대명사 사용 빈도가 높은 이유이기도 합니다. 그러니까 "*Do you want?" "OK, *I like!" "?I will buy!"는 2%, 아니 20%쯤 부족한 영어라는 걸 기억해두시기 바랍니다. 목적어가 분명치 않거나 좀 길다 싶으면, 고민할 것 없이 대명사 it을 써서 "Do you want it?", "I like it", "I will buy it"이라고 하면 됩니다.◆

◆ 17쪽 일러두기에서 설명했듯이 *은 문법에 어긋난 경우, ?는 문법적으로 옳다고 판단하기 애매한 경우를 의미합니다.

2% 부족한 영어를 채우는 대명사

한국어로 표현하기 가장 어려운 영어 대명사는 아마 you가 아닐까 싶습니다. 영어에서 you는 지위고하를 막론하고 누구에게나 쓸 수 있는 2인칭 대명사입니다. 반면 한국어에는 동급이나 아랫사람한테 쓸 수 있는 '너' 말고는 폭넓게 통용되는 2인칭 대명사가 없습니다. '당신, 자네, 그대, 임자, 이녁' 등 많기는 하지만, '당신'은 부부지간에 그리고 '자네'는 나이든 사람들이 특정 관계에 한해서 쓰고, '그대'를 비롯한 나머지는 시나 소설에서 나올 뿐이지요. 최근에는 재귀대명사 '자기'를 2인칭으로 쓰기도 합니다. '나와 동일시하는 너'라는 의미로 애인 사이에서 쓰기 시작했는데, 요즘은 특히 여성들 사이에서 2인칭 호칭으로도 많이 쓰더군요. 그러나 윗사람에게 쓸 수 없기는 마찬가지여서, 한국어에는 윗사람, 즉 나보다 힘과 권력에서 앞서는 상대에게는 대명사를 쓸 수가 없다는 게 어떤 사회적 원칙으로 여겨집니다.

그래서 영어로 you를 사용하는 것이 문법적으로는 쉬운 일이지만 사회적인 힘과 거리를 생각하면 때로 어려운 일이 되는지라, 한국인들이 you의 사용을 회피하고 명사를 사용하는 경우가 많습니다. 실제로 아이들이 다니는 대학의 총장님을 만나 면전에서 환영인사를 하며 한국인 학부모가 "We would like to welcome Mr. President"라고 말하는 것을 들었습니다. "We would like to welcome you"라고 말하기가 쑥스러웠던 것 같습니다.

영어는 3인칭 단수 대명사에서 확실하게 성별을 구분하는 것도 한국어와 다른 점입니다. "Is the person a he or a she?"라는 질문도 하지요. 그래도 1인칭과 2인칭 그리고 모든 인칭의 복수형에서는 성별을 구분하지 않아, 다른 유럽 언어에 비해 단순한 편이기는 합니다. 물론 하느님이 왜 he여야 하는지, 불특정한 3인칭을 he 또는 she 중에 무엇으로 할지 등 영어의 대명사를 둘러싼 다양한 문제도 있습니다. 이 두 가지를 한국어로 번역하면 '그'와 '그녀'가 되는데 본래 한국어에는 없었던 단어이기에 번역한 문장에나 등장할 뿐, 실제 말할 때는 이들을 대명사로 거의 사용하지 않지요.

한국어에서 사람을 부르거나 가리킬 때 대명사보다는 명사를 주로 사용하는 관례도 영어와 차이가 납니다. 특히 이름보다 사장님(직함), 선생님(직업명), 언니(친족어), 아저씨(친족어) 등의 명사로 더 많이 사용하죠. 즉, 한국어에서는 '선생님'이 부르는 말도 되고 대명사처럼 쓰일 수 있지만 영어에서는 그렇게 쓰지 않는 것이 차이라고 볼 수도 있습니다. 영어로는 이 모두를 대명사를 사용해 you, he, she 등으로 표현하면 충분하지요.

이렇게 두 언어에서 대명사를 사용하는 방식과 빈도가 다른 데에서 영어를 익히려는 우리의 어려움이 생겨납니다. 특히 한국 학생들의 영어 작문에는 대명사가 너무 적은 데다가 어색하기 그지없습니다. '같은 동아리 소속 여학생', '소개팅에서 만난 오빠', '학과 선배들' 같은 단어를 어떻게 영어로 표현할지 고민한 결과 that girl, this brother, department seniors 같은 우리말식 기묘한 명사구들이 탄생하거든요. 다음 글을 한번 보시죠. 한 학생이 가장 즐거웠던 순간에 대해 쓴 글의 도입부입니다.

When I was down and lonely, I called **my highschool friend** to chat and see how he was doing. Both of us were complaining how bored we were, and sick of spending time at home. On a whim, I decided to go to Sokcho to meet **this friend** who lived there. I took the express bus only carrying my cell phone and wallet and I met **my friend** about three hours later.

지치고 외로웠을 때, 나는 고등학교 시절의 내 친구는 어떻게 지내는지 잡담이나 하려고 전화를 걸었다. 우리는 둘 다 얼마나 모든 게 지겨운지, 집에서만 시간을 보내는 것에 싫증이 났는지 불평했다. 갑자기 나는 속초에 사는 이 친구를 만나기 위해 그리 가야겠다고 마음먹었다. 나는 휴대폰과 지갑만 챙겨 고속버스를 탔고 세 시간 만에 내 친구를 만났다.

이 학생이 만난 '내 친구'를 영어로 어떻게 쓰는 게 좋을까요? 영어 대명사의 사용 규칙은 간단합니다. 맨 처음에 이름이나 고유명사 또는 명사구로 표현해주고 그다음부터는 대명사로 가리키면 됩니다. 윗글의 첫 문장에서 '나의 고등학생 시절 친구'라고 소개했는데 이때 먼저 그의 이름을 쓰는 것이 훨씬 자연스럽습니다. 그리고 다음에 언급하며 쓴 this friend와 my friend를 대명사 him으로 바꾸는 것이 낫습니다. 그리고 단락이 바뀌어도 계속 같은 사람에 대해 이야기한다면 다시 한 번 이름을 언급해주는 것이 좋습니다.

　언어를 사용할 때 우리는 반복되는 부분을 대치하고 간단하게 줄이는 방법을 동원하기 마련입니다. 이때 한국어는 듣는 사람이 안다 싶으면 과감하게 생략하는 반면 영어는 분명한 대명사를 사용하는, 서로 다른 방식을 선택한 것이죠. 이러한 두 언어의 차이는 간혹 한국인이 영어를 할 때 영어에 꼭 필요한 대명사를 생략하게 만들어서 구조적인 오류를 초래하곤 합니다. 복잡한 글을 간결하게 만들면서도 어색하거나 허술하지 않은 영어 문장을 완성하는 비결은 '대명사'를 적절히 사용하는 데 있다는 것, 이 점을 잊지 마세요.

Part

5

영어는 전 세계에 걸친 방언이다

—

문화 이해하기

20

변방어에서 세계어가 되기까지

어린 시절 열광했던 이야기가 있습니다. 옛날 영국을 배경 삼아 멋진 왕과 아름다운 왕비, 그리고 용감한 기사들이 주인공으로 등장하는 『아더왕 이야기』입니다. 4학년 때 담임선생님께서 쉬는 시간마다 조금씩 낭독해주셨는데, 얼마나 흥미진진했던지 날마다 그 시간을 손꼽아 기다렸지요.

아더는 평범하게 자란 아이였지만, 어느 날 바위에 박혀 있던 보검 엑스칼리버를 뽑아내 자신의 혈통과 용기를 증명하고 왕이 됩니다. 그리고 원탁의 기사들과 형제애를 나누며 적들의 맹공을 막아내고 왕국을 지켜내지요. 그런데 제가 어른이 되어 직접 책을 읽어보니 아더왕의 캐멀롯 성은 전설의 왕국일 뿐 실제로 존재하지 않았다는 겁니다. 픽션은 픽션일 뿐이라지만, 그때 그 실망감을 어떻게 설명할까요.

후에 언어학을 공부하며 알게 된 사실은 더 놀라웠습니다. 『아더왕 이야기』가 본래는 켈트족의 것이고 이들의 언어는 영어가 아니었다는 것입니다. 오늘날의 영국 땅인 브리튼섬에 일찍이 정착했던 켈트족은 멋진 상상력을 지닌 열정적인 이야기꾼들이었죠. 이 이야기에서 가장 저를 매료시켰던 존재는 아더왕을 돕는 신비로운 호수의 요정이었는데, 알고 보니 요정 이야기는 켈트족의 단골 메뉴더군요. 셰익스피어의 『한여름 밤의 꿈』에 나오는 수많은 요정들부터 『반지의 제왕』에 나오는 상상의 세계 속 괴물, 난쟁이, 엘프, 마법사들이 켈트족의 전설에서 유래했습니다. 『반지의 제왕』에 나오는 이야기의 테마 자체는 북유럽 게르만 민족의 신화이고, 아더왕 역시 중세 때 노르만인들에 의해 앵글로·색슨인을 견제

하기 위해서 덧입혀졌다는 학설이 있기는 합니다. 하지만 『아더왕 이야기』의 원조는 켈트족의 한 갈래인 웨일즈와 콘월 지역의 켈트족이나 바다 건너 프랑스 서부 브르타뉴Bretagne(혹은 브리타니Brittany라고도 합니다) 지역으로 이주한 켈트족의 다른 갈래인 브라이튼Britons(혹은 브리튼이라고도 발음하고 브르통Breton이라고도 합니다) 종족의 것이라는 추측이 가장 유력합니다. 이 종족의 이름에서 브리튼섬의 이름이 유래했지요.

이 이야기에 푹 빠졌던 당시 저는 이들이 당연히 영어를 사용했을 거라고 믿었습니다. 하지만 켈트어는 영어와는 거리가 먼, 상당히 다른 언어입니다. 아더왕이 영어가 아닌 다른 언어를 사용했다면 영어를 최초로 사용한 사람들은 대체 누구일까요?

브리튼섬을 호시탐탐 노리던 사람들

영어의 역사는 5세기경 고대 게르만어Old Germanic(현재 독일어와 영어의 공동 조상이죠)를 사용하던 게르만 부족이 브리튼섬으로 이주하면서 시작되었습니다. 게르만족은 당시 스칸디나비아 반도와 게르마니아Germania(혹은 저메니아) 지역(현재 유럽의 중북부로 지금의 네덜란드, 덴마크, 독일의 북부)에 걸쳐 살던 민족이었죠. 이들이 이동하기 전 브리튼섬에는 이베리아인, 켈트족, 로마인 등 다른 민족들도 살았습니다.

그런데 로마인이 물러간 후 중남부에 살던 켈트족들은 북쪽에 정착한 켈트족의 다른 갈래인 픽트족과 스코트족의 침입을 막기 위해 게르만 부족의 용병들을 불러들입니다(Saxon은 고유의 무기인 seax라는 짧은 칼을 잘 쓴다고 해서 붙여진 이름입니다). 점점 더 이들이 늘어나고, 5~7세기에 걸쳐 지속적으로 침략해 오자, 간신히 버티던 켈트족은 맥없이 무너져 남쪽으로 바다를 건너 현재 프랑스의 서부 해안지역인 브르타뉴 지역과 북쪽으로 산악 지대(스코틀랜드), 서쪽으로 늪지대(웨일즈와 콘월)와 바다 건너 아일랜드 등지로 도망치고 맙니다(이들은 하나의 민족이 아니었기에 '켈트어 계통 언어를 사용하는 여러 종족들'로 보아야 한다는 역사가들의 의견이 있습니다). 지금도 콘월 지방에 가면 아더왕의 궁전 터라고 전해 내려오는 곳이 있다지만, 『아더왕 이야기』는 이렇게 무기력했던 당시 켈트족의 희망사항을 담은 한풀이용 이야기인 셈입니다.

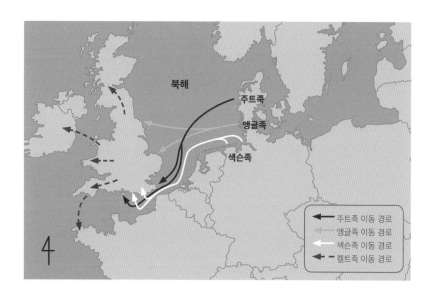

켈트족의 후손들과 그 언어는 지금도 곳곳에 남아 있습니다. 영국 서쪽 웨일즈에서 사용되는 웰쉬어Welsh, 콘월 지방에서 사용되던 코니쉬어Cornish(한때 사어가 되었다가 복원되었죠), 스코틀랜드의 독특한 언어인 스코티쉬 게일어Scottish Gaelic, 바다 건너 아일랜드에서 사용한 아이리쉬 게일어Irish Gaelic 등입니다. 켈트어는 인도·유럽어족Indo-European languages에 속하긴 하지만 게르만어와 상당히 달랐습니다. 켈트 계통 언어를 사용하는 후손들은 점점 줄고 있어, 최근에는 명맥이 끊길 위기에 처한 이 언어들을 보호하려는 움직임이 커지고 있죠. 또한 켈트족의 후손들이 사용하는 영어 역시 표준영어와 조금 다르기 때문에 웨일즈식 영어Welsh English, 스코틀랜드식 영어Scottish English, 아일랜드식 영어Irish English라고 부릅니다.

영어는 세계의 여러 어족 중에서 인도·유럽어족(인구어)에 속하며, 그중에서도 게르만어 계통입니다. 많은 사람들이 영어와 가장 가까운 언어가 독일어라고 하면 의외라는 표정을 짓습니다. 하지만 다음 그림을 통해 알 수 있듯이 영어는 독일어, 네덜란드어, 덴마크어와 더 가깝고, 라틴어는 이탈리아어의 직접 조상이면서 프랑스어, 스페인어와 가깝습니다. 9,000년 전쯤 신석기 시대부터 존재했을 것으로 추정되는 인구어 모어로부터 프랑스어, 독일어, 그리스어, 켈트어, 슬라브어, 아르메니아어, 알바니아어, 이란어, 산스크리트어 등이 포함된 유럽과 중동, 서아시아에 걸친 수많은 언어들이 분리해 나왔다는 사실을 이 그림에서 확인할 수 있습니다. 실제로 네덜란드와 덴마크 사람들이 영어를 잘하는 것

영어는 대체 왜 그런가요

게르만어와 로망스어의 기초 어휘 비교

영어	father	mother	brother	sister	son	daughter	room	
독일어	Vater	Mutter	Bruder	Schwester	Sohn	Tochter	Zimmer	게르만어
네덜란드어	vader	moeder	broeder	zuster	zoon	dochter	kamer	
프랑스어	pere	mere	frère	sœur	fils	fille	chambre	
이탈리아어	padre	madre	fratello	sorella	figlio	figlia	camera	로망스어
스페인어	padre	madre	hermano	hermana	hijo	hija	habitacion	

게르만어와 로망스어의 문장 비교

	"우리는 올 수 없었어요."	
영어	We could not come.	
독일어	Wir konnten nicht kommen.	게르만어
네덜란드어	We konden niet komen.	
프랑스어	Nous ne pouvions pas venir.	
이탈리아어	Non potevamo venire.	로망스어
스페인어	No pudimos venir.	

으로 알려져 있는데, 그 이유에는 이러한 언어적 유사성이 한몫하고 있는 겁니다.

영어와 이 언어들 간에 몇 가지 기본 어휘와 간단한 문장을 비교한 표도 함께 보세요. 역시 영어와 가장 유사한 것은 독일어와 네덜란드어입니다. 단어뿐만 아니라 문장 구조 역시 게르만어 계통 언어들의 유사점이 큰 것을 확실히 알 수 있습니다.

이렇게 '게르만족의 대이동'으로 브리튼섬의 새 주인이 된 이 독일계 종족들이 앵글족, 색슨족, 주트족입니다. 지금 영국인을 지칭하는 단어 '앵글로·색슨Anglo-Saxons'은 이 종족들 이름에서 유래했죠. 혹시 영어가 왜 잉글리쉬English인지 아시나요? 잉글랜드England의 말이라는 뜻인데, 정확히 말하면 런던을 포함하는 브리튼섬의 남동부 지역을 말합니다. 예전에는 앵글리아Anglia로 불렸던 곳이죠(지금도 영국 남동부 지방을 East Anglia라고 부릅니다). 바로 '앵글Angle'족의 나라였습니다. 게르만족이 브리튼섬으로 이주한 데는 여러 이유가 있겠지만, 살던 곳이 너무 추웠기에 용병으로 와서 본 날씨 좋고 비옥한 브리튼섬을 노렸다는 의견이 많습니다. 언어학자들은 이들이 '날씨 좋다고' 영국으로 이민 간 최초이자 최후의 사람들일 거라고 농담 삼아 이야기합니다. 요즘 영국은 궂은 날씨로 더 알려져 있으니까요.

어쨌든 이들이 브리튼섬으로 이주하여 일곱 개의 소왕국을 건설하고 사용하던 말이 영어의 기원이 되었습니다. 다양한 스칸디나비아 종족과 게르만의 종족들이 나오는 6세기 초의 고대 영시 작품 『베어울프』

는 바로 현대인들이 해독하기 어려운 초기의 영어로 쓰였습니다. 이 '고대영어'는 시간이 흐르면서 유럽 대륙의 고대 게르만어들과 달리 독자적인 길을 걷게 되었고 현대의 독일어와 다른 지금의 영어가 되었습니다.

흔히 영어의 역사를 네 시대로 구분합니다. 고대영어(449~1066), 중세영어(1066~1534), 근대영어(1534~1766), 현대영어(1766~현재)죠. 449년에는 게르만족이 브리튼으로 이주해 오고, 1066년에는 노르만족의 침입으로 지배층 언어가 프랑스어로 바뀌고, 1534년에는 헨리 8세가 영국 성공회를 설립했습니다. 근대영어 시기에는 엘리자베스 여왕이 식민지 개척에 나서고 최초의 영어 성경 『킹 제임스 성경King James Bible』이 출간되었으며 셰익스피어가 활동했지요. 그리고 1776년에는 미국이 영국으로부터 독립을 합니다. 일반적으로는 이처럼 정밀한 연도보다는 고대영어(450~1100), 중세영어 (1100~1500), 근대영어 혹은 초기 현대영어(1500~1800)로 분류하기도 합니다.

독자적 길을 개척하다

고대 독일어에서 유래했지만 브리튼섬에 건너와서 독자적 길을 걷게 된 영어는 여러 언어의 영향을 받게 됩니다. 그중 가장 큰 영향을 준 것은, 바로 로마의 언어이자 당시의 주요 교역어였던 라틴어입니다. 사실 라틴족의 로마 문명은 앵글로·색슨족이 이주하기 훨씬 전에 400년 넘게

라틴어 영향을 받아 생겨난 단어들				
뜻	영어	독일어	라틴어	라틴어에서 유래한 영어 단어들
새	bird	Vogel	avium	avian, aviator, aviation
귀	ear	Ohr	auris	aural, audit, auditorium
이빨	tooth	Zahn	dens	dental, dentist
지구, 땅	earth	Erde	terra	terrestrial
별	star	Stern	stella	stellar, inter-stellar
달	moon	Mond	luna	lunar
얼음	ice	Eis	glacies	glacial
집	house	Haus	domus	domestic

영국 땅을 지배하며 거대한 성벽, 목욕 시설, 원형 극장 등 그 흔적을 남겼지만, 당시 언어에는 큰 영향을 남기지 못했습니다. 그러다가 600년경 앵글로·색슨족이 영국을 차지하고 여러 왕국을 세운 이후, 1,000년 가까이 라틴어가 종교와 학문에서 사용되었습니다. 지금도 영국이라고 하면 귀족층 자제들이 고풍스런 기숙학교나 옥스퍼드와 케임브리지 같은 전통 있는 대학에서 라틴어 수업을 받는 장면이 떠오르지 않나요? 『해리 포터』 같은 소설 속에 수많은 라틴어를 기초로 한 신조어들이 등장하는 것도 바로 이러한 배경 때문이죠.

라틴어는 영어 어휘를 풍성하게 하는 데 큰 영향을 미쳤습니다. 예를 들어 water(물)는 기본적으로 독일어 Wasser(독일어는 명사의 첫 글자를 대문자로 씁니다)와 비슷하지요. 한편 물을 뜻하는 라틴어 aqua를 영어 단어 aquarium(수족관)이나 aquatic(수중생물의) 등에서 발견할 수 있습니다. 왼쪽 표를 보면 수많은 영어 단어가 라틴어에 기초해 만들어졌음을 알 수 있죠.

이렇게 라틴어에서 영향을 받아 생겨난 많은 영어 단어들은 대부분 정교하고 난이도가 높은 편입니다. 이는 한국어에 대한 중국어(한자)의 영향과도 비슷해 보입니다. 한국어로는 '물'이지만 한자 '수水'로 대치된 수준 높은 단어들, 예를 들어 '수자원', '수륙양용', '수족관' 등이 있지요. 한자를 알면 한국어를 더 잘할 수 있듯이, 라틴어를 알면 더 풍성한 영어의 세계를 만날 수 있는 이유입니다.

이민족과 만나 더 단순해지다

앞서 잠깐 설명했듯이 영어는 본래 굴절어였습니다. 인칭, 성별, 시제 등에 따라 명사나 동사가 모양을 바꾸는 프랑스어나 독일어처럼 말이죠. 그런데 지금 영어는 다른 유럽 언어들에 비해 문법적으로 단순합니다. 굴절이 존재하지만 그 수가 적고 복잡하지 않죠. 이제는 고립어로 분류될 정도입니다.

그 이유는 영어의 역사를 말하면서 빼놓을 수 없는 사람들, 바로 바이킹족 때문입니다. 양옆으로 뿔이 달린 투구를 쓰고 뱃머리가 둥그스름하게 말린 멋스런 목선에 올라 한때 유럽은 물론 북미 연안까지 주름잡았던 바이킹! 그들은 오늘날의 덴마크, 노르웨이, 스웨덴 등에 해당하는 북유럽 지역에 살던 북게르만 종족입니다.

이들은 797년 영국 남서쪽을 처음 침공한 이후 중세 내내 끈질기게 영국 섬을 침략했습니다. 섬 이곳저곳에 남아서 살기도 하고, 심지어 25년 간 왕권을 잡은 적도 있어서 앵글로·색슨인들은 이들과 긴밀하게 소통할 필요가 있었죠. 그래서 이들의 언어인 스칸디나비아어, 특히 고대 덴마크어와 고대 노르웨이어가 영어에 적지 않은 영향을 주게 됩니다.

바이킹의 언어는 라틴어처럼 어휘를 풍성하게 만들기보다는 영어의 구조적인 단순화를 가져왔습니다. 그 이유는 그들의 언어가 영어보다 더 단순해서가 아니라, 서로 비슷하지만 약간 다른 굴절형을 사용했기 때문입니다. 즉 앵글로·색슨인들은 바이킹들과 굴절어미를 헷갈리는 대신 아예 생략해버리는 길을 택한 거죠. 그래서 영어의 굴절이 단순해졌어요. 이를테면 고대 영어는 동사의 변형이 훨씬 복잡했지만, 지금은 그런 복잡한 형태들은 be동사(am, are, is 등)만 빼고 모두 사라졌습니다. 3인칭 단수형에 –s를 붙이는(have→has, do→does, eat→eats 등) 간소한 형태만 남아 있지요.

영화 〈킹스맨〉에 나온 "Manners maketh man"은 대표적인 중세 영어 형태입니다. 3인칭 단수 주어에 상응하는 동사의 굴절형으로 고대 영어의 문자인 þ(thorn이라고 불렀습니다) 대신 –th가 사용된 것이죠. 3인칭 단수 주어에 동사의 형태를 살짝 바꾸는 굴절 변화는 현대에도 없어지지 않고 남았습니다. 현대영어로는 –th 대신 –s를 붙여서 "Manners

영어는 대체 왜 그런가요

makes man"이라고 하죠. 이때 manners는 manner(방법)의 복수형이 아닌 '예의'라는 뜻의 명사로 단수 취급합니다. 이렇듯 전혀 알아보기 어려운 고대영어와는 달리 중세영어는 현대영어를 알면 약간 해독이 가능합니다. 그런데 이 중세영어는 굴욕으로 출발합니다.

굴욕의 세월을 지나 더 단순해지고 풍성해지다

1066년 도버 해협 건너편 노르망디에 살던 윌리엄 공이 바다를 넘어 브리튼섬으로 쳐들어옵니다. 그는 영국 왕실의 친척이긴 했지만 본래 바이킹의 혈통이며 해적질로 주변국을 괴롭히던 노르만족의 후손으로, 프랑스 왕으로부터 프랑스 북서부 노르망디에 영토를 받아내서 살고 있던 공작의 아들이었습니다. 그런데 영국 왕실에 후사가 끊기자 자신에게도 죽은 왕이 프랑스에 왔을 때 도와주고 아버지에게 약속하여 생긴 권리가 있다고 주장한 것이었지요. 그는 에드워드 왕이 후계자로 지목했던 해롤드를 물리치고 영국의 왕위를 차지하게 됩니다. '노르만의 정복 Norman Conquest'이라고 부르는 이 사건으로, 영국의 왕실과 귀족들이 프랑스어(지역 이름을 따서 노르만어라고도 합니다)를 사용하는 사람들로 모조리 바뀝니다. 그 결과 영국에서 프랑스어의 지위는 막강해졌죠. 영국이 프랑스와 백년전쟁(1337~1453)에 돌입하기 전까지, 영국 왕실에서 영어를 안 쓴 기간이 300년 가까이 되니 일제 강점기에 한국어가 일본어의 영향을 받은 기간과 비교도 안 될 정도입니다.

왕실을 비롯한 귀족 계급이 프랑스어만 사용하면서, '고급스럽다'는 느낌의 어휘가 영어에 대거 편입되었습니다. 이를테면 영어로 소는 cow인데 소고기는 beef입니다. 고대프랑스어 boef(혹은 buef)에서 유래했지요. 영어에서 집은 house이고 방은 room이지만, 좋은 집과 특별한 방은 프랑스어에서 온 mansion과 chamber입니다. 문화 수준이 높고 정치와 군사에 관련된 많은 단어가 프랑스어에서 유입되었는데, 지금도 전체 영어 어휘의 30%를 차지할 정도로 많습니다. 정치(assembly, parliament, policy), 법률(judge, justice, plaintiff, verdict), 군사(army, battle, enemy, march, navy), 교회(miracle, saint, sermon) 관련 용어 등이 이에 해당합니다.

굴욕의 시기와 더불어 영어는 또 많은 변화를 겪습니다. 남성, 여성, 중성으로 나뉘던 성 구별 등 복잡한 변형이 사라지면서, 문법 체계가 더욱 단순해졌지요. 하지만 반대급부도 생겨났습니다. 굴절어미가 사라지면서 대신 '어순'이 중요해졌으며, 동사의 시제와 상 혹은 양태를 나타내기 위한 기능어로 '조동사'가 발달하게 되었고, 명사들의 격이나 단어들 사이의 관계를 나타내기 위해 '전치사'가 많아진 것입니다.

근대를 열며 세계로 진출하다

영국의 근대는 내부적으로는 종교개혁과 산업혁명으로 인한 사회적 격변기였습니다. 외부적으로는 스페인의 무적함대를 무찌른 후 역사상 가장 넓은 영토에 해가 지지 않는 식민지를 건설한 번영의 시대이기도 합니다. 이때부터 여러 민족의 침입으로 어려움을 겪었던 영어의 반전이 시작됩니다. 이 시기에 윌리엄 셰익스피어라는 영국 역사상 가장 위대한 작가가 나타나 많은 작품을 통해 수많은 새로운 단어를 만들어 내어 영어에 대한 자부심을 높여 주기도 했습니다.

1500년대 후반부터 대영제국 건설이 시작되면서, 영어는 브리튼섬을 벗어나 세계로 퍼져 나갑니다. 캐나다, 미국, 인도, 서인도제도, 호주, 뉴질랜드 등에 이르는 광활한 제국이었죠. 특히 1609년에 미국을 영국 식민지로 선언한 때부터 1776년 미국이 독립을 선언하기까지 167년간 미국에 직접적인 영향을 주었고, 동시에 홍콩과 싱가포르 등지로도 진출합니다. 이들은 '새로운 영어New Englishes'라고 불릴 정도로 고유하고 독특한 특징을 형성하죠.

이 시기에도 영어는 많이 변했습니다. 과학과 산업, 정치제도의 발달과 더불어 라틴어와 그리스어 차용도 늘어나고 신조어들도 많이 생겨났지요. 이때 만들어진 단어가 1만 개가 훌쩍 넘습니다. 또한 어순이 중요해지면서 문장이 SVO(주어+동사+목적어) 구조로 완전히 고정되었습니다. 이전에는 대체적으로 종속절에서는 SOV(주어+목적어+동사) 구조이거나 다른 순서가 때때로 가능했거든요.

게다가 장모음의 발음이 순차적으로 변화한 '대모음추이Great Vowel Shift'라는 모음변화가 일어났습니다. 즉 장모음의 전체적인 발음 위치가 구강에서 약간 높아졌고 더 이상 높아질 수 없는 경우에 이중모음이 되었습니다. 예를 들어 queen은 '퀜'[kwe:n]에 가깝게 발음하던 것이 '퀸'[kwin]으로, moon은 '몬'[mo:n]이 '문'[mun]으로, time은 '팀'[ti:m]에서 '타임'[taym]으로, house는 '후스'[hu:s]에서 '하우스'[haws]로 각각의 모음 발음이 변한 것이죠. 이 연쇄적인 변화로 인해 본래 한글처럼 소리를 적는 표음문자인 영어의 철자법은 발음과 한층 멀어졌습니다.

흥미롭게도 많은 사람들이 미국의 영어가 영국의 영어와 상당히 다르다고 생각하는데, 사실 심한 지역 방언이나 사회계층 방언이 아닌 표준어를 기준으로 보면 이 둘은 차이가 크지 않습니다. 그래서 의사소통에도 큰 문제가 없죠. 초기의 미국은 영국의 식민지였기에 다른 유럽 언어보다도 영어를 쓰는 사람이 단연 많았고, 스코틀랜드와 아일랜드에서 온 이민자도 대거 늘었기 때문에 이들의 영어가 섞여 오늘날의 미국 영어가 되었습니다.

현대에 미국이 강대국으로 성장하면서 영어는 지금과 같은 세계어의 위상을 확실히 굳히기에 이릅니다. 그런데 미국 독립 초기에 영어가 아닌 독일어를 공용어로 선택할 것을 진지하게 고려했었다는 사실을 아는 사람은 많지 않지요. 그 이유는 다름이 아니라 당시 영어가 적국의 언어였기 때문입니다. 영어는 사실 지금도 미국에서 국어로서 헌법적 지위를 갖고 있진 않답니다.

언어를 이해한다는 것

지금까지 영어의 역사를 간략히 살펴보았습니다. 이렇듯 영어는 다양한 언어를 만나 변신하며 현재의 모습이 되었습니다. 그리고 오늘날 명실상부한 세계어의 위상을 갖게 되었지요. 세상의 어느 언어도 절대적으로 더 우수하다거나 배우기 쉽다고 말할 수 없습니다만, 과거 라틴어와 중국어가 그랬듯이 시대에 따라 정치·경제·학문에서 우위를 차지하는 언어가 나타나는데 현대에는 그것이 영어인 셈입니다.

언어의 역사를 들여다보면, 언어가 마치 살아 있는 생물과 같다는 생각이 들어요. 아마 언어가 그것을 사용하는 사람들의 삶을 반영하기 때문일 겁니다. 변방의 섬나라 한 지역의 언어였던 영어는 파란만장한 역사를 거쳐 세계에서 가장 많이 사용되는 언어가 되었습니다. 사람으로 치면 반전이 있는 성공담 같지 않나요? 고난을 이겨내며 더 강해진 것이지요. 친구의 과거를 알게 되면 더 친해지듯이, 영어 안에 남아 각각 전체 어휘의 30%정도씩을 차지하고 있는 게르만어, 라틴어, 프랑스어(나머지 10%는 그리스어를 비롯한 수많은 외국어들이지요)의 흔적을 짚어 보는 것으로 영어와 더 가까워질 수 있지 않을까 기대해봅니다.

미국의 작가 랄프 윌도 에머슨은 영어의 이러한 특징을 다음과 같이 요약했습니다.

The English language is the sea which receives tributaries from every region under heaven.

영어는 하늘 아래 모든 지역에서 지류를 받아들이는 바다이다.

앞으로는 현대영어의 모습과 그 유래에 대해 살펴보려 합니다. 외국어를 배운다는 것은 전혀 다른 문화를 온몸으로 직접 받아들이는 일입니다. 열린 마음과 풍부한 이해는 든든한 밑서름이 되겠죠. 다양한 언어를 품은 영어의 겉모습에 이어 어떤 사고방식과 문화가 담겨 있는지 한번 찬찬히 들여다봅시다.

21

thou에서 you까지,
평등한 존중의 언어

"영어는 상놈들의 말이다. 부모한테도 you, 선생한테도 you! 위아래를 몰라보니 그게 상놈들이지 뭐냐?" 중학교 시절, 연세 지긋하신 선생님께서 이렇게 말씀하신 기억이 있습니다. 그때는 그 말을 달리 생각하지 못했어요. 낯선 사람부터 친척 어르신까지 똑같이 'you' 하나로 부른다는 것이 저 또한 어쩐지 불편한 마음이었기 때문이지요.

하지만 오늘날에는 오히려 you를 평등한 문화의 상징처럼 여기는 것 같습니다. 영어를 배우는 대부분의 한국인들은 you를 쓸 때 해방감을 느낀다고 하거든요. 제 막내 아이도 미국에서 일 년간 초등학교에 다녔을 때, 형과 누나를 you라고 부르며 무척 좋아했었죠.

앞서 잠깐 소개했듯이 you는 한국어로 표현하기 까다로운 단어 중 하나입니다. 이처럼 위계를 구분하지 않고 두루 쓰이는 '2인칭 대명사'가 우리말엔 없기 때문이죠. 그렇다면 이런 차이는 정말 지위고하를 막론하고 상대방을 동등하게 대할 수 있는 문화에서 비롯하는 걸까요? 영어에는 과연 존댓말이 없는 걸까요?

사라진 대명사의 빈자리

중세영어에서 2인칭 대명사는 지금보다 형태가 좀 더 다양했습니다. 다음 표에서 알 수 있듯이 단수가 'th-형태'이고 복수가 'y-형태'로 격에 따른 굴절형(문장 속에서 문법적 관계를 나타내기 위한 형태)이 존재했죠. 즉,

중세영어의 인칭대명사					
	수 / 격	주격	목적격	소유격	소유대명사
1인칭	단수	I	me	my/*mine	mine
	복수	we	us	our	ours
2인칭	단수	*thou	*thee	*thy/*thine	*thine
	복수	*ye (> you)	you	your	yours
3인칭	단수	he/she/it	him/her/it	his/her/its	his/hers/—
	복수	they	them	their	theirs

*표시는 사라진 대명사 형태들입니다. 그 외에 3인칭 단수 중성 대명사로 hit, hit, his, his 형태도 있었지만 현대영어에서 사라졌습니다.

thou, thee, thy 등이 오늘날 you의 단수형을 말할 때 사용한 대명사입니다. 그런데 '다우'[ðaw]라고 읽는 thou를 비롯한 단수 형태들은 모두 사라지고 지금 영어에서는 단수와 복수의 구분이 없이 y-형태만을 사용하고 있습니다. 영국 최고의 시인이자 극작가로 근대 영문학을 꽃피운 셰익스피어의 다음 문장들에서 th-형태의 흔적을 엿볼 수 있지요. 다음은 그의 작품 『햄릿』의 한 구절입니다.

Queen: Hamlet, **thou** hast **thy** father much offended.

햄릿, 너는 네 아버지를 무척 화나게 했구나.

Hamlet: Mother, **you** have my father much offended.

어머니, 당신이 내 아버지를 무척 화나게 하셨습니다.

왕비의 말은 2인칭 대명사 단수형(평칭)으로 th-형태를 사용하여 비격식적이고 친밀한 측면을 드러내면서 아들에게 야단치는 어머니의 태도를 보여주는 반면, 햄릿의 말은 2인칭 복수형 y-형태를 단수(경칭)로 사용하여 둘 사이의 관계를 공식화하고 자신이 어머니에게 느끼는 심리적 거리와 불만, 더 나아가 어머니를 힐난하는 도발적인 태도를 드러내고 있다고 짐작됩니다. 나중에는 왕비가 햄릿에게 나도 죽일 생각이냐고 물을 때는 두려움에 떨며 햄릿에게 y-형태를 사용하기도 하시요.

이처럼 중세에는 2인칭 복수형을 사용해서, 상대방을 높여 불렀습니다. 즉 복수형 ye를 단수형 thou 대신에 쓰면 경칭의 의미가 되었죠. 그러고 보니, 『햄릿』의 유명한 구절 "Frailty, thy name is woman"(약한 자여, 그대 이름은 여자다)에도 평칭인 단수형이 나오네요. 이런 식으로 복수형 ye가 경칭으로 사용되는 경향은 고대영어에서는 약했지만, 1066년 윌리엄 공이 침략한 이후 프랑스어의 영향으로 더 강해졌습니다.

프랑스어의 예를 볼까요? 프랑스어에는 2인칭 대명사 단수형인 tu와 복수형인 vous가 있는데, vous를 단수로 사용하면 tu와 달리 상대방을 높이는 표현이 됩니다. 이를테면 어떤 사람에게 "Je t'aime"라고 말하면 "널 사랑해"이지만, "Je vous aime"라고 하면 "당신을 사랑합니다"를 의미하죠. 이런 2인칭 대명사의 분포는 이탈리아어(tu/voi), 스페인어(tu/ustad), 독일어(du/Sie), 스웨덴어(tu/ni) 등 대부분의 유럽 언어에서 발견됩니다. 그런데 영어에서는 단수형 thou가 없어지면서 이 구분이 사라졌고, 그로 인해 영어 대명사 구조에는 커다란 빈자리가 생겨납니다. 1인칭 I의 복수형은 we가 있고 3인칭 he/she의 복수형은 they가 있지만, 2인칭은 단수형과 복수형이 똑같이 you이죠.

영어로 한 사람이 아닌 여러 사람에게 "안녕하세요? 잘들 지내세요?" 묻고 싶으면 어떻게 말할까요? 그냥 "How are you?"라고 하면 됩니다. you에 복수의 뜻이 있으니까요. 굳이 복수형을 강조하고 싶다면, you 대신에 all of you나 you all을, 가까운 사이라면 "How are you guys(girls)?" 정도면 적당합니다. 지역에 따라 ye, yous(e), yins(yens, yens guys), y'all, you-together 등 다른 형태의 단어나 조합을 쓰기도 하지만, "I'd like to see all of you" 정도로 말하는 편이 낫습니다. 혹시 미국 남부(y'all을 쓰는 지역)나 동부의 도시 피츠버그(yins를 쓰는 지역)에서 왔다고 오해를 받을지도 모르니 말입니다.

왜 더 기본 형태가 없어졌을까?

유럽의 여러 언어 중에서도 오직 영어에서만 일어난 '너' 실종 사건, 이 기이한 일은 대체 왜 일어난 것일까요? 게다가 복수형이자 경칭으로 쓰였던 you가 아니라 더 기본적인 형태, 즉 단수형이고 평칭인 thou가 사라져버린 이유는 과연 무엇일까요?

첫 번째로 손꼽히는 원인은 퀘이커 교도의 영향입니다. 17세기 중엽에 개신교의 한 분파로 등장해 새로운 신앙을 주창하던 그들은 신 앞의

'평등'과 '형제애'를 내세우며 '서로 너라고 부르기thou-calling' 운동을 벌였습니다. 그러자 이단으로 취급 받던 퀘이커 교도들과 스스로를 구분 짓기 위해서 일반인들이 오히려 you를 더 쓰게 되었다는 겁니다. 당시 주변의 냉대 때문에 상당수 퀘이커 교도가 미국으로 이주하기도 했지요. 하지만 6만 명 정도였던 집단 때문에 영어의 2인칭 대명사가 거의 일시에 사라졌다는 설명은 어딘가 부족합니다.

두 번째 가설은 산업혁명 이후 누가 귀족인지 혹은 평민 출신의 신흥 부호인지를 알 수 없던 사회 분위기가 원인이라는 설명입니다. 일단은 서로를 높여 부르고 보자는 집단적 심리 상태로 인해 you를 더 자주 사용하게 됐다는 설명이지요. 이것 역시 명쾌하게 증명할 수는 없지만 퀘이커 교도 가설보다는 좀 더 신빙성이 있는 것으로 받아들여지고 있습니다. 아마 두 가지 이유 모두가 thou가 현대영어에서 사라지는 데 영향을 주었으리라고 짐작됩니다.

한편 영어가 모국어인 사람들 중에도 thou가 경칭이었다고 확고하게 믿는 분들이 종종 있습니다. 지금은 일상생활에서 전혀 쓰지 않는데, 간혹 오래된 시나 성경에서 접하기 때문에 정중하게 느껴지는 모양입니다. 다음 '주기도문The Lord's Prayer'의 일부를 보세요.

Our Father, who art in heaven, hallowed be **thy** name; **thy** Kingdom come; **thy** will be done, on earth as it is in heaven. ⋯⋯

영어는 대체 왜 그런가요

하늘에 계신 우리 아버지, 아버지의 이름을 거룩하게 하시며, 아버지의 나라가 오게
하시며, 아버지의 뜻이 하늘에서와 같이 땅에서도 이루어지게 하소서. ……

하늘에 계신 하느님을 가리키고 있으니 경칭으로 느껴지긴 합니다. 하지만 속뜻은 그 반대이지요. 이때 경칭인 y-형태가 아니라 평칭인 th-형태를 쓴 것은 라틴어에서 영어로 성경을 최초로 번역한 학자들의 의도였다고 합니다. 영어로 된 최초의 성경 『킹 제임스 성경』(1611년)을 작업한 성서학자들은 '신과 인간의 특별한 친밀함'을 강조하기 위해 일부러 thou를 썼다고 하네요.

그런데 훗날에는 이 오해가 깊어지면서 해프닝이 벌어지기도 합니다. 20세기 중반에 성경을 현대어로 고치면서 thou 대신 you를 쓰자는 의견이 있었는데, 그렇게 하면 신에 대한 존경심이 사라진다며 알프레드 레벨 등 성서학자들의 반대가 있었거든요. 신과 인간의 관계, 그리고 언어의 의미를 새삼 생각해보게 하는 일화라고 생각됩니다.

'당신'과 '너' 사이

이번에는 좀 부드러운 이야기를 해볼까요? 엘리자베스 배럿 브라우닝의 소네트 한 편을 소개합니다. 이 시에서 그녀가 노래한 대상은 불우했던 삶에서 자신을 구해준 연인이자 남편인 로버트 브라우닝인데, 두

시인의 사랑 이야기는 아주 유명합니다. 엘리자베스는 어려서부터 병약해서 집에 갇혀 살아왔지만 문학에 대한 사랑으로 시를 쓰며 작가로서 두각을 나타냅니다. 로버트 브라우닝은 시인이면서 외교관이 될까 고려하던 젊은이였는데 그녀의 시집을 읽고 매료되어 열렬한 구애 편지를 쓰지요. 이들은 그가 6년 연하라는 점, 그녀의 건강 문제, 그리고 폭군 같은 엘리자베스 아버지의 반대 등 많은 장애 요소를 무릅쓰고 사랑에 빠졌습니다. 그는 결국 그녀를 바깥세상으로 이끌었고, 피렌체로 도피한 두 사람은 아들도 낳고 행복한 시간을 보냅니다. 하지만 몸이 약했던 엘리자베스가 결국 먼저 죽음을 맞이하게 되죠. 그녀가 남긴 시의 일부를 한 번 읽어볼까요?

How do I love **thee**? Let me count the ways.
I love **thee** to the depth and breadth and height
My soul can reach, when feeling out of sight
For the ends of Being and ideal Grace. ……

내가 당신을 얼마나 사랑하느냐고요? 얼마나 사랑하는지 헤아려 보죠.
존재와 은총을 베푸는 이상적인 존재의 끝까지
눈에 보이지 않게 느낄 때, 내 영혼이 닿을 수 있는
깊이와 넓이와 높이까지 나는 당신을 사랑해요. ……

"How do I love thee?"라는 첫 문장으로 더 알려진 이 시는 그녀가 가장 행복한 시간 속에서도 죽음을 예감하고 남편을 향한 마음을 고백한 것이어서, 사연을 알고 읽으면 더 눈물겹습니다. 사실 여기서 thee(thou의 목적격)는 로버트를 높이려고 쓴 경칭이 아니었습니다. 한국어 정서상 "내가 얼마나 당신을 사랑하느냐고요?"라고 번역되곤 하지만, 실은 친근하게 "내가 널 얼마나 사랑하는지 말해볼게" 하는 뉘앙스죠. 엘리자베스 브라우닝의 시가 당시에 이미 사라져가던 th-형태를 시라는 형식 속에 되살리고 있다는 점, 그리고 그것이 자신과 남편의 심리적 친근감을 드러내기 위해 의도적으로 동원된 어휘라는 점에 주목할 만합니다. 이 시가 심금을 울리는 이유는 그녀의 사랑과 죽음이 점차 사라져가는 친밀함의 대명사 thou를 통해 더 절절해지기 때문이라는 인상을 지울 수 없어요. 그 사랑의 깊이엔 차이가 없겠지만, 애틋함과 살가움의 온도를 다르게 느끼는 건 제가 thou에 관해 알았기 때문일까요?

17~18세기를 거쳐 thou가 구어에서 거의 사라지면서 현대영어는 전 세계에서 유례없이 가장 단순한 2인칭 대명사 시스템을 갖추었습니다. 지금까지 살펴보았듯이 분명한 사실은 평칭 thou로 낮추는 하향평준화가 아닌, 상대방을 높이는 경칭 you로 상향평준화가 됐다는 점입니다. 그러니 영어는 오히려 존중의 마음이 깃든 언어라고 볼 수도 있겠습니다. 영어의 2인칭 대명사 you를 사용할 때, 부모님과 선생님 그리고 친구와 동생까지 모두를 높여서 부른다는 본래의 마음을 한번쯤 기억해주세요.

22

너의 이름은?
호칭어에 깃든 힘과 거리

혹시 앤 해서웨이 주연의 영화 〈악마는 프라다를 입는다〉에서 카리스마 넘치는 패션잡지 편집장을 기억하시나요? 연기 잘하는 배우 메릴 스트립이 맡은 역할이었죠. 그녀의 이름은 미란다 프리슬리. 어찌나 엄한지 출근해서 차에서 내리는 순간부터 전 직원이 초긴장 상태에 돌입합니다. 그런데 이 잡지사 직원들, 무서운 편집장 때문에 매일 두려움에 떨면서도 꼭 그녀를 '미란다'라고 이름으로 부릅니다. 한국에서라면 어림없는 일이겠지요?

미국이라고 해서 항상 위아래 없이 편하게 이름을 부를 수 있는 건 아닙니다. 암묵적인 규칙이 있지요. 어른이면서 확실히 손윗사람인 경우라면, 대체로 Mr. Johnson, Mrs. Kennedy 하는 식으로 격식을 갖춰서 부릅니다. 겉으로는 평등한 듯 사장과 평사원이 이름을 부르기도 하지만, 처음부터 그럴 수 있는 것은 아닙니다. 한국에서 "말씀 놓으십시오!" 하고 아랫사람이 먼저 말하듯이, 미국에서는 명백한 손윗사람이 아랫사람한테 자신의 이름을 불러도 좋다고 먼저 이야기할 수 있습니다. 그러니까 미란다는 아마도 Ms. Pristley 말고 자신의 이름 Miranda로 부르라고 직원들한테 미리 말해두었을 겁니다. 그냥 두어도 됐을 텐데, 왜 굳이 그랬는지 궁금해지지요?

미란다의 상황을 이해하기 위해서는 먼저 미국의 호칭 문화에 대해 알아야 합니다. 사장도 교수도 대통령도 사석에서는 서로 이름 부르기가 가능한 곳이 미국이죠. 조금만 친해져도 이름 부르기를 허용하며 수평적인 관계를 지향하기 때문입니다. 한편으로는 자신이 아랫사람을 동등하게 대하는 사람이라는 점에 자부심을 느끼는 것으로도 보입니다. 사실 주인공인 새 비서 앤드리아를 일부러 다른 비서의 이름인 에밀리로 부르는 등 평소 싸늘한 성미를 드러내는 걸 보면 미란다가 자신의 이름을 부르라고 한 것이 친밀감을 갖기 위해서라고 생각되진 않지요. 어쩌면 이런 평등지향적인 풍토 속에서 패션 업계의 쿨한 편집장으로 보이기 위한 허세가 아니었을까 짐작됩니다.

적극적 공손법 vs. 소극적 공손법

전 세계적으로 봤을 때 영어뿐 아니라 세상의 많은 언어들은 경어법이 그리 발달하지 않았습니다. 그나마 있던 경어법도 축소되어 가는 추세죠. 위아래가 분명한 한국어에 익숙한 우리들은 외국어를 배우며 이런 사실을 새삼 깨닫게 됩니다. 미란다의 경우처럼 영어에서 가장 흔하게 사용하는 호칭은 웬만하면 이름first name이나 별칭nickname이지요.

이처럼 별로 친하지 않은 상대와도 곧바로 평등함과 친밀함을 강조하는 것을 적극적 공손법Positive Politeness이라고 합니다. 우리가 생각하는 공손함과는 상당히 다른 느낌이죠? 자신을 낮추고 상대를 높여 서로의 거리를 유지하는 것이 곧 예의라고 생각하는 소극적 공손법Negative Politeness과 대비되는 개념입니다. 이를 서양과 동양의 문화 차이, 혹은 수평적 사고와 수직적 사고의 차이라고 볼 수도 있습니다.

영어는 대체 왜 그런가요

물론 서양이라고 모두 적극적 공손법만 선호하는 것은 아닙니다. 같은 영어 사용 국가이지만 미국에 비해 영국은 공공서류에 Sir, Lord, Lady 같은 단어가 아직 남아 있을 정도로 격식 있는 호칭어를 중시합니다. 일상생활에서 Sir, Madam 같은 단어도 자주 쓰지요. 미국의 일상생활에서 이런 단어를 거의 듣기 어려운 것과는 대조적이죠. 하지만 영국도 일찍이 명예혁명을 이룬 민주국가가 아니던가요. 그들도 서로를 평등하게 부르는 노력을 합니다.

영화 〈킹스 스피치〉를 보면 연극배우 출신의 언어교정 코치가 말을 더듬어 고객으로 온 왕자를 '버티'라고 부릅니다. 자신이 호주 출신이라는 점을 내세우며, 괜찮으냐고 묻지도 않은 채로요. 왕실 가족들만 사용하던 애칭이었기 때문에 왕자는 무척 불쾌해합니다. 그러나 코치는 그럼 자신도 '닥터 로그'가 아닌 이름 '라이오넬'로 불러 달라며 조금도 물러서지 않죠. 결국 그들은 친구가 되고 나중에 왕이 되어 2차 대전의 포화 속에 대국민연설을 하게 된 조지 6세는 라이오넬의 도움으로 국민을 설득하는 감동적인 연설을 하죠. 영화에서는 사소한 내용들이지만 호칭이 인간관계에 얼마나 중요한 역할을 하는지 일깨워주는 장면입니다.

반면 미국에서도 스스로를 전통적 상류층이라고 여기는 사람들은 여전히 소극적 공손법을 선호합니다. 특히 정착의 역사가 비교적 긴 뉴잉글랜드 지역을 중심으로 한 동부는 미국의 다른 지역에 비해 이런 경향이 더합니다. 학교에서도 선생님들에게 깍듯이 Miss Davis나 Mr. Griffith라고 부릅니다. 중고등학생이 Mary Davis 선생님이나 Tony

Griffith 선생님과 아무리 친해지더라도 Miss D, T-Griff 같은 별칭을 쓸 수는 있어도 결코 Mary나 Tony라고 이름을 부르지는 못합니다. 하지만 어른이 되면 다릅니다. 동등한 사회인으로 인정하고 나이 차이를 넘어서서 서로를 평등하게 대하며 이름을 부릅니다.

어떤 경우엔 손윗사람의 양해 없이도 손아랫사람 스스로 그렇게 한다고 합니다. 다음은 제가 교환교수로 미국에 갔을 때 피츠버그 대학병원에서 일하는 어느 한국인 의사선생님께 직접 들은 이야기입니다. 자신이 지도하던 수련의가 펠로우가 되어 다른 병원으로 배치되었는데, 며칠 후 전화하더니 평소 하던 대로 Dr. Kim이라고 하는 대신 "Hi, Jay" 하고 격의 없이 이름을 부르는 통에 깜짝 놀랐다고 하시더군요.

여러분은 평소 어떤 호칭으로 불리나요? 같은 사람이 얼마나 다양한 방식으로 불리는지 살펴보면 호칭이 우리를 둘러싼 사회적 정보를 제공하는 실마리라는 점을 이해할 수 있어요.

영어에서 격식 있는 호칭어는 이름 대신 직함title 혹은 직함과 성 title+last name을 같이 부르는 것입니다. 즉 Doctor, Madam 혹은 Dr. Lee, Mr. Brown 등이 격식 있는 호칭어입니다. 그런데 일반적인 직업명이나 직함이 곧 호칭어가 되는 경우는 한국어에 비해서 현저하게 적은 편입니다. 영어에서 직업명이나 직함이 호칭어로 쓰이는 경우는 의사, 판사, 교수 같은 소수의 전문직과 대통령, 상원의원, 대법원 판사, 가톨릭의 신부님과 수녀님 정도입니다. 미국에서는 잡지사 편집장인 미란다를 Editor Pristley라고 하지 않듯이 큰 회사 회장님도 Chairman Gates라는 식의 직함으로 부르지는 않기 때문에 Ms. Pristley와 Mr. Gates 정도가 가장 격식 있는 호칭어입니다.

경어법은 없어도 격식은 있다

특히 영어에서는 대부분의 다른 유럽 언어에 있는 2인칭 대명사의 경칭과 평칭이 사라지고 없기 때문에 문법화된 경어법이 없어 주로 호칭어로 사회적 관계를 나타냅니다. 유일하게 경칭이 쓰였던 문법적 요소는 2인칭 대명사였는데, 이에 대해서는 앞 장에서 다루었죠. 하지만 대화를 하다 보면, 어느 사회에서나 존재하는 사회적 지위 차이가 자연히 언어에 드러나게 됩니다. 영어에서는 그런 차이를 문장의 격식성으로 표현하지요.

경어법이란 한국어를 배우는 외국인이 많이 어려워하는 반말과 존댓말의 여러 층위를 아우르는 개념입니다. 영어에서는 누구에게나 "Have you eaten?"(혹은 더 편하게 "Did you eat?")이라고 하면 되지만, 한국어라면 상대에 따라 "진지 잡수셨습니까?", "식사 하셨어요?", "밥 먹었니?"("뭘 좀 드셨어요?", "요기는 하셨소?", "식사 하셨나?", "밥 먹었냐?" 등도 가능하죠) 등 어휘와 어미를 다양한 층위로 바꾸어 쓸 수 있어야 하지요.

그렇다면 영어에는 존댓말과 반말 비슷한 것이 아예 없는 걸까요? 영어에서 경어법이 없다고는 해도 같은 내용을 어느 상황에서나 혹은 누구에게나 같은 방식으로 말해도 상관이 없는 것은 아닙니다. 영어에서는 주로 명령문에서 문장 격식성의 차이가 큽니다. 이를테면 식탁에서 소금이 필요할 때, 어떻게 표현할 수 있을지 생각해봅시다. 친한 친구라면 "Pass me the salt"처럼 직접적이고 간단하게 말하겠죠. 하지만 새로 온 직장 상사처럼 멀고 어려운 관계라면 "Could you pass me the salt, please?"처럼 간접적이고 정중하게 표현합니다. 사안에 따라 다르겠지만 친구에게는 "Thanks!" 한마디 할 일도, 상사에게는 "Thank you so much!", "I really appreciate it!" 등으로 길게 말합니다. 간단한 이메일 하나를 써도 "Hi!"와 "Hello!"라는 인사가 아주 다르게 느껴진다고 하더군요. 다음 문장은 기본적으로 같은 의미를 나타내지만 상당히 다르게 느껴집니다. 약간씩 다른 그 느낌의 차이를 한번 살펴볼까요?

Help me!

절 좀 도와주세요!

Can you help me?

Please help me!

Will you help me?

Won't you help me?

I'd like you to help me.

I want you to help me.

Would you please help me?

Could you help me?

Would you mind helping me?

Could you possibly help me?

I want to meet with you tomorrow.

(나는) 당신을 내일 만나고 싶어요.

I would like to meet with you tomorrow. Do you have time?

Well, I wonder if I could meet with you tomorrow. Would you

have time for me?

Excuse me, sir. I was wondering if you could spare time to

meet with me.

Hi Jenny,

안녕하세요, 제니(이름은 Jennifer Sanford)

Hello Jenny,

Dear Jenny,

Dear Jennifer,

Dear Ms. Sanford,

영어가 평등한 언어를 지향한다고 해도, 이렇듯 상황 맥락을 반영
하는 문장의 격식성은 사라질 수 없습니다. 그 격식을 통해 자연스럽게

사람들 사이의 상하관계와 친소관계(가깝고 먼 관계)가 나타나는 것이기 때문입니다. 구체적인 표현방식은 영어는 다 그렇고 한국어라고 다 이런 것이 아니라 각기 크고 작은 언어공동체speech community(혹은 담화공동체)에 따라 달라지며, 언어 사용자들은 그 맥락context 안에서 사회적 힘과 거리를 눈치껏 파악해내야 하지요. 이렇게 언어 사용의 사회적 양상을 이해하기란 어떤 언어를 막론하고 외국어를 배우는 사람들에게 늘 어려운 일입니다.

평등한 언어에 평등한 사회가 깃든다?

우리가 아무리 평등한 언어를 지향한다고 해도 아마 사람들 사이에 위계가 사라지진 않을 겁니다. 하지만 영국과 미국의 근대화와 민주화가 서로 평등한 언어를 사용하려는 문화와 함께 발달한 것만은 분명해 보입니다. 점점 더 '직함과 성'보다는 '이름'을 많이 사용하게 된 것 그리고 최근 여성의 혼인 상태, 즉 Miss(미혼)와 Mrs.(기혼)를 구분하지 않고 Ms.를 쓰는 것이 그 대표적인 예라고 볼 수 있습니다.

제가 처음 유학 갔을 때 지도교수님의 이름(Prof. William Labov)을 부르기까지 한참이 걸렸습니다. 학교가 좀 자유로운 분위기였기 때문인지 다들 대학원생 정도면 교수님의 이름을, 그것도 별칭인 Bill이라고 불러도 된다고 말해주었지만, 한국인인 저한테는 적응하는 데 시간이 좀 필요하더군요. 그런데 일단 부르고 나니 교수님과 대등한 아카데미아의 일원이 되었다는 생각이 들어 기분 좋고 뿌듯했던 기억이 있습니다.

요즘 한국 사회에서도 IT 업계나 스타트업 회사를 중심으로 서열 파괴와 호칭의 평등화가 일어나는 추세죠. 이때 영어 이름을 사용하기도 하고요. 평등한 언어에 평등한 사회가 깃들까요? 아니면 그 반대 순서일까요? 본래는 사회 속에서 문화를 반영해서 언어가 만들어지고 사용되는 것이 순서였지만, 이제는 그런 사실을 알게 된 우리가 거꾸로 언어를 조절해서 원하는 사회를 만들어보려고 시도하는 것 같습니다.

사실 요즘은 한국에서도 사람이 직업명이나 직함 뒤에 숨고, 경어법으로 위계를 강조하는 것이 좀 구시대적으로 보이죠. 이런 분위기라면 호칭어 하나 혹은 말 한마디를 잘못해서 은근히 마음이 상하는 일이나 때로 욱해서 주먹다짐에 우발적 살인까지 일어나는 일은 점차 사라질 것 같습니다.

이름 하나로 대표되는 개인, 그리고 사람들 사이의 수평적 관계야말로 인간의 타고난 본성에 더 가까운 것이라는 생각이 드네요. 형식과 허세를 내려놓고, 위계를 넘어 사람들 사이에 수평적이고 진솔한 관계가 자리 잡는 사회를 상상해봅니다. 우리가 평소에 사용하는 언어가 평등한 사회의 도래를 촉진할 수도 있다는 점을 잊어서는 안 되겠습니다.

23

차별하는 언어,
달라지는 여성

My neighbor is a blond(e).

내 이웃은 금발머리야.

누가 이렇게 말했다면, 그 이웃은 여성일까요, 남성일까요? 분명 여성입니다. 남성이라면 아무리 금발이라도 그렇게 표현할 리 없기 때문이지요. 프랑스어에서 온 단어 blond라고 쓰면 남성형, blonde는 여성형입니다. 하지만 철자가 달라도 소리는 똑같아요. 게다가 영어로는 남성형은 쓰이지 않고 거의 언제나 여성을 뜻합니다.

What do you call a blonde who dyes her hair black?

금발인데 검은 머리로 염색한 여자를 뭐라고 부를까?

답은 Artificial Intelligence(인공지능)라네요. 한때 미국에서 유행했던 농담입니다. 이때 AI는 '인공지능'과 '가짜로 똑똑해 보이기'라는 중의적 의미를 띕니다. 이렇게 금발 머리는 '예쁘지만 멍청한 여자'의 대명사처럼 쓰이곤 합니다. '블론드 조크'에는 진한 갈색 머리나 흑갈색 머리 여성(brunette), 빨간 머리 여성(red hair 혹은 redhead)도 등장하죠. 머리 색깔에 이런 편견이 도사리고 있다는 것, 알고 계셨나요?

차별하는 영어

언어는 그것이 사용되는 사회의 다양한 모습과 구성원들의 생각에 뿌리를 내리고 있습니다. 언어에 반영되는 성별 개념도 마찬가지입니다. 단어마다 남성형과 여성형이 따로 존재하는 다른 서구 언어에 비해 영어에는 문법적인 성별 구분은 적은 편입니다. 대명사의 3인칭 단수에서만 he와 she로 구별하는 정도죠. 물론 이는 양성이 평등한 사회 문화를 반영한다기보다는 앞서 살펴보았듯 여러 언어의 영향을 받은 결과라고 볼 수 있습니다.

그런데 성별 구분이 발달한 로망스어 사용자들은 영어로 말할 때 성별이 구분되지 않는다고 답답함을 호소하곤 합니다. 예컨대 "Last night, my friend came to visit me, and we had dinner together"(지난 밤 친구가 방문해 함께 저녁 식사를 했다)고 말하면 그 친구가 여자인지 남자인지 알 수 없다는 거죠. 예를 들어 이탈리아어라면 amigo(남자인 친구)와 amica(여자인 친구)를 구분해 쓰거든요.

영어에서의 성별 구분이 문법에서는 희미해졌을지 몰라도, 그러한 구분의 흔적은 남아 있습니다. 한발 더 나아가 여러 면에서 성차별적인 요소가 눈에 띕니다. 이번 장에서는 그 면면을 한번 살펴보겠습니다.

우선 영어에서는 흔히 여성을 음식(honey, sweetie, cutie pie, sweetie pie, muffin), 식물(pumpkin, peach, cherry, cabbage, daisy), 귀엽지만 힘없는 동물(chick, dove, puppy, kitten)에 비유하곤 합니다. 남성에게도 음식이나

동물의 비유를 사용하긴 하지만, 어린 소년일 때(honey, sweetie) 정도이고, 성인이라면 힘이 센 동물(stallion, stud, wolf)에 비유하죠. 사회언어학자인 자넷 홈즈는 특히 여성을 닭에 비유한 예에 주목했는데, 결혼하고 (coop up), 친구들과 어울리고(cackles in hen parties), 남편에게 바가지 긁고 (hen-peck), 그리고 늙어빠진 모습(old biddy)까지 망라된다고 놀라워했습니다. 이 모두가 여성을 비하한다는 혐의를 벗어나기 어려워 보입니다.

영어의 많은 여성형 단어는 남성형을 기본으로 어미를 붙여 만듭니다. 영어에도 형태적으로 남녀를 구분하는 단어들이 있는데 수가 많지는 않습니다. 이때 대부분 남성형을 기본으로 하고 특정한 어미가 붙어서 여성형이 되는 거지요. 예를 들어, man/woman(남성/여성), actor/actress(배우/여배우), count/countess(백작/백작부인), heir/heiress(상속인/여성상속인), lion/lioness(사자/암사자), prince/princess(왕자/공주) 같은 단어들입니다. 사람 이름도 그런 경우가 꽤 있습니다. Charles/Charlotte, Victor/Victoria, Daniel/Danielle, Jack/Jacqueline, Joseph/Josephine, George/Georgiana, Patrick/Patricia, Stephen/Stephanie 등이 그렇죠. 즉 남성의 이름이 기본형이고 여기에 어미를 더해서 여성에게도 쓴 겁니다.

이 과정에 조금 예외적인 경우로 widower/widow(홀아비/홀어미)가 있습니다. 여성형인 widow가 기본형이고 남성형에 어미 -er을 붙였죠. 하지만 widower의 사용 빈도가 widow에 비해 현저하게 낮은 데다가, 그리 좋은 의미의 단어가 아닙니다. 결국 영어에서 남녀를 구분하는 단어 쌍들은 대체로 형태적으로 남성형을 기본으로 하며 보충적으로 여성형이 만들어진다고 볼 수 있습니다. 역시 성차별적이라는 느낌을 지우기 어렵습니다.

형태적 차이보다 남녀 차별을 제대로 실감하게 되는 경우는 남녀를 모두 일컫는 총칭에 남성형을 쓸 때입니다. 예를 들어 man, mankind, master, masterpiece, brotherhood 같은 단어가 각기 사람, 인류 전체, 거장, 훌륭한 작품, 인류애를 나타내는 경우죠. 이에 상응하는 여성형 단어는 아예 없거나, 있더라도 매우 축소된 의미로 쓰입니다.

영어의 성차별적인 면은 일상 속 언어를 사용하는 과정에서 더 드러납니다. 이를테면 master의 여성형인 mistress는 '여주인'이라는 의미보다 '숨겨둔 애인'의 의미로 더 자주 씁니다. 여성이 품위 없고 성적으로 방종하다는 의미의 영어 단어는 남성에 대한 비슷한 표현에 비해 훨씬 많죠. 심지어 일반적으로 쓰는 흔한 단어도 여성형은 나쁜 의미로 전락하기 십상입니다.

『Language and Woman's Place』(1973)라는 저서로 유명한 언어학자 로빈 레이코프는 이런 예를 들었죠. "She is only twelve but already a lady"라고 하면 그나마 얌전하다는 뜻 정도이지만, "She is only twelve but already a woman"이라고 하면 행실이 좋지 않다는 의미로 들린다는 겁니다. 본래 여성을 높이는 호칭인 lady(숙녀, 귀족 여인)는 그저 woman의 대용어인 얕은 의미로 변하고 급기야 화장실(ladies' room과 여성 청소부cleaning lady, 여성 옷 수선공sewing lady 등에 사용되면서 더

영어는 대체 왜 그런가요

격하되기도 합니다. 남성의 화장실은 lords' room이 아니고 그냥 men's room이라고 하거든요. 여성 의사라면 어떨까요? woman doctor일까요 아니면 lady doctor일까요? 흥미롭게도 전자가 더 많이 쓰이지만 사실 어떻게 써도 좋게 들리지 않기 때문에 female doctor를 쓰기도 합니다. 하지만 male/female 역시 생물학적인 암수 구분이므로 사람에게 사용하기에는 바람직하지 않다는 의견도 있습니다.

달라지는 여성

이처럼 우리가 사용하는 언어의 성별 구분이나 차별이 고정관념이 되면 위험하겠다는 자각을 바탕으로 시작된 움직임이 있습니다. 바로 '정치적 올바름political correctness'을 추구하는 시도입니다. 'PC 운동'이라고 줄여 말하기도 하죠. PC 운동은 오늘날 말의 표현이나 용어 사용에 인종·민족·언어·종교·성차별 등의 편견이 포함되지 않도록 유의하자는 뜻을 담고 있습니다.

이 주장의 배경에는 사피어·워프 가설Sapir-Whorf Hypothesis이 있습니다. 즉 "한 사람이 사용하는 언어는 그가 세상을 인지하는 데 영향을 줄 수 있다(혹은 결정한다)"는 이론입니다. 인간이란 그가 사용하는 언어가 나타내주는 세계관을 벗어나서 생각할 수 없는 존재라면 언어는 너무나 중요한 것이겠지요? 이 가설을 확대 해석하면, 기존의 성차별적인 언어를 무신경하게 쓴다면 그 사람은 성차별주의자라고 볼 수도 있는 거죠. 여러분은 어떤가요? 아래 단어들의 섬세한 차이를 분별해 사용하고 계신가요?

위에서 언급했던 사피어·워프 가설은 반대로 "언어를 통해 인간의 사고와 행동을 통제할 수 있다"는 생각으로 확장되기도 했습니다. 조지 오웰이 1949년에 발표한 소설 『1984』에서 그 상상력을 펼쳐낸 결과가 뉴스피크Newspeak, 즉 새로운 언어(신어) 이야기입니다. 이 신어는 소설에 나오는 국가 오세아니아Oceania의 공용어로서, 기존 영어인 구어Oldspeak

영어에서 성별 구분의 흔적

성별을 구분 짓는 명사(gendered noun)	성별 구별이 없는 명사(gender-neutral noun)
man	person, individual
mankind	people, human beings, humanity
fireman	fire fighter
freshman	first-year student
man-made	machine-made, synthetic, artificial
the common man	the average person
chairman	chair, chairperson, head, presider, coordinator
mailman	mail carrier, postal worker
policeman	police officer
steward, stewardess	flight attendant
actor, actress	actor
congressman	legislator, congressional representative
waiter, waitress	server or wait staff
ladies & gentlemen	folks or everybody
boyfriend, girlfriend	partner, significant other, spouse
salesman, saleswoman	salesperson or sales representative
Miss, Mrs.	Ms.
Dear Sir	Dear Sir or Madam, Dear Members of the Search Committee, To Whom it May Concern

영어는 대체 왜 그런가요

(표준영어)를 대체할 어휘를 가리킵니다. 그런데 빅브라더의 세상에서는 신어를 교묘하고 정확하게 만들어서, 여러 의미로 다양하게 사용하는 건 일체 불가능해집니다. 예컨대 free라는 단어로는 "This dog is free from lice"(이 개에는 이가 없다)와 같은 표현만 가능한 겁니다. 인간이 아예 '자유'의 '정치적 의미'는 전혀 알지 못하게 만들어버려, 권위에 도전하려는 생각조차 못하게끔 언어를 통제하는 거죠.

하지만 인간은 자신이 사용하는 언어보다 똑똑합니다. 이를테면 아프리카 뉴기니의 다니Dani라는 언어에는 '어둡다'와 '밝다'라는 단 두 개의 색깔 구분만 있는데, 그렇다고 해서 그들이 다양한 색을 보지 못하는 것은 아닙니다. 사실 한국어도 고유어에는 '푸르다'가 하나의 색이죠. 하늘도 푸르고, 들판도 푸르다고 표현하니까요. 그러나 우리는 초록과 청색을 한자어에서 받아들였고 영어의 그린과 블루 등으로 색을 구분할 수 있지요. 소설 『1984』의 주인공이 그랬듯 인간은 자신과 자신의 언어에 대해 성찰할 수 있습니다.

"You are what you eat"(당신이 먹는 것이 곧 당신이다)이라는 말을 들어보셨는지요? 건강 걱정이 최대 화두인 우리 시대에 자주 회자되는 말이죠. 언어도 이와 다르지 않습니다. 무심코 쓰는 말로 자기도 모르게 차별 행위를 저지를 수도 있는 시대이기에, "You are what you speak!"(당신은 당신이 말하는 바로 그런 사람이다)라는 말을 마음에 새겨둘 만합니다. 내가 사용하는 말이 상대방뿐 아니라 나 자신에게도 결국에 큰 영향을 준다는 점은 따로 증거를 찾아보지 않아도 이해할 수 있습

니다. 차별하지 않는 말, 나아가 긍정적인 말을 사용하는 것이 우리를
더 나은 사람으로 만든다는 심리학자들의 연구 결과가 속속 나오고 있
으니까요.

24

'빠다 바른' 영어의 기원

영어를 잘하려면 "혀를 잘 굴려야 한다"고들 하지요. 그런데 우리나라에서만 이렇게 생각하는 것은 아닌 것 같아요. 덴마크인들은 "미국 사람들은 삶은 감자 덩어리를 입에 물고 말하는 것 같다"고 하더군요. 미국인 친구들은 깔깔 웃었지만 정작 무슨 뜻인지 몰라 당황하는 눈치였습니다. 유학 시절에 이 말을 들은 순간 저는 한국에서 영어를 '빠다(버터) 바른 소리'라고 하는 것이 떠올랐죠.

사실 "언어에 대한 평가는 곧 그 언어를 사용하는 사람에 대한 평가다"라고 학자들은 말합니다. 그렇다면 '감자를 입에 물고 우물거리는 소리' 혹은 '빠다 바른 소리'라는 말도 모종의 평가죠. '말하는 게 칠칠치 못하다'거나 '느끼하게 폼 잡는다'는 뉘앙스로 느껴지는 것으로 보아, 영어 쓰는 사람들에 대한 부정적인 평가가 분명해 보입니다. 그런데 이 말이 모든 영어에 해당되지는 않는다는 사실, 혹시 알고 계신가요?

'No idea' or 'no-eye deer'?

이 칠칠치 못하거나 느끼한 발음의 정체는 '모음 바로 뒤에 나오는 r'을 어떻게 소리 내느냐에 달려 있습니다. 보통의 미국인이라면 혀를 입천장을 향해 뒤로 말아 올리면서 혀끝이 어디에도 닿지 않도록 하여 이 '빠다 바른 발음'을 완성하죠. 하지만 런던 토박이라면 이걸 아예 발음하지 않습니다.

영어는 대체 왜 그런가요

예를 들어 비교해볼까요? 영국 영어에서는 car를 '카-'[ka:]로 발음하는 반면, 미국 영어에서는 '카ㄹ'[kar]로 발음합니다. guard도 영국 영어에서는 '가-ㄷ'[ga:d]라고 발음하지만, 미국 영어에서는 '가ㄹㄷ'[gard]로 발음하지요.

굴리는 발음이라고 하면 우리는 보통 영어의 [r] 발음을 떠올리지만, 영어의 음소 /r/은 여러 형태로 발음이 될 수 있어요. 사실 국제음성 기호로 [r]은 가장 분명한 'r'의 발음으로 스페인어의 발음입니다. 진짜로 혀를 '아르르르' 하고 굴리는 소리죠. 영어의 /r/ 발음은 입천장을 향해 혀를 뒤로(retro-) 살짝 말아 올리는(flex) 발음이라서 권설음retroflex이라고 하고, 국제음성기호로는 r을 뒤집은 형태 [ɹ]이라고 씁니다. 눈에 설어 보여서 이 책에서는 그냥 [r]을 사용했습니다.

일반적으로 영어 r은 단어의 맨 앞(rate, right)이나 중간에서 모음의 사이(arrow, sorry) 그리고 자음 뒤에 바로 붙어서 나올 때(great, tree)에는 확실하게 발음해야 합니다. 이럴 때 생략하는 경우는 결코 없죠. 역시 입술을 약간 동그랗게 하면서 혀끝을 뒤로 말되 어디에도 닿지 않은 상태로 숨을 내쉬면서 성대를 울려 발음합니다. 요즘에는 right이나 great을 표기할 때, 입술을 동그랗게 오므리는 미세한 움직임을 강조해서 한국어로 '롸잇'과 '그뤠잇'으로 적기도 하더군요.

반면 r이 모음 다음에 나오면, 어떤 방언에서는 아예 발음하지 않기도 합니다. 단어의 끝에 올 때(car, flower)와 바로 자음이 뒤따라 나올 때(cart, guard)의 두 경우가 있죠. 즉 car 혹은 cart의 r은 발음이 되는

모음 뒤 r 발음에 따른 영어 구분	
r-없는 방언	r-있는 방언
Received Ponunciation (영국 상류계층)	Irish English
Estuary English (영국 런던 부근 중류계층)	(아일랜드)
Cockney (영국 런던 노동계층)	Welsh English
New England English (미국 북동부)	(영국 서부 웨일즈 지역)
New York City English (미국 뉴욕시 노동계층)	Scottish English
African American Vernacular English	(영국 북부 스코틀랜드 지역)
(미국 아프리카계인들의 일상어)	General American English
Austrailian English (호주)	(미국)
New Zealand English (뉴실랜드)	Canadian English
South African English (남아프리카공화국)	(캐나다)

방언도 있고(카ㄹ/카ㄹㅌ) 아예 안 되는 방언도 있습니다(카-/카-ㅌ). 이때 [r]이 없어지면서 앞의 모음이 약간 길어지는 경향이 있지만 그래도 모음으로 대치된다기보다는 삭제된다고 보아야 합니다. 이를테면 guard(가-ㄷ/가ㄹㄷ)라는 단어에서 [r]을 발음하지 않는 방언이라면 god(갇)과 발음이 거의 같아져서 헷갈리게 되는 거죠.

그래서 모음 뒤의 r을 어떻게 발음하느냐에 따라 지구상에서 사용되는 모든 영어를 'r-없는 방언non-rhotic'과 'r-있는 방언rhotic'으로 나눌 수 있습니다. 흔히 영국식 영어가 전자, 미국식 영어는 후자에 속한다고 알려져 있지만 대략 위의 표와 같이 나눌 수 있어요.

그런데 r-없는 방언에는 흥미로운 특색이 있어요. 영어는 한 단어 다음에 모음으로 시작하는 단어가 올 때 앞 단어의 마지막 자음을 다음 음절의 첫소리처럼 살려서 발음하기도 합니다. 그래서 어떤 경우에는 far away, Easter egg에서 보이는 '연결의linking' r과 다르게 원래 끝에 r이

영어는 대체 왜 그런가요

없는 단어인데도 [r] 발음을 하는 거예요. 예를 들어 idea 다음에 모음으로 시작하는 단어가 이어지면, 있지도 않았던 [r]을 넣어 발음합니다. 이를 '침입의intrusive' r이라고 하죠. 즉 "I have no idea about it"이라고 할 때 r-없는 방언 사용자는 'idea r-about'으로 [r]을 넣어 발음하게 됩니다. 이때 no idea(아이디어가 없다)라는 말이 no-eye deer(눈 없는 사슴)로 들릴 수 있어 놀림거리가 되곤 하지요.

뉴욕 영어와 흑인 영어의 공통점

모음 뒤의 [r] 발음을 충실하게 하느냐 없애느냐는 미국 영어와 영국 영어의 차이로 알려져 있습니다. 하지만 이 말은 실상을 너무 단순화한 설명입니다. 미국 영어 중에도 r-없는 방언이 많거든요. 보스턴으로 대표되는 북동부 뉴잉글랜드 지역의 영어, 뉴욕 토박이 영어, 남부 영어와 미국 아프리카계인의 일상어가 그렇습니다.

한편, 모든 영국 영어가 모음 뒤의 [r] 발음을 생략하는 것도 아니어서, 앞의 표에서 보듯이 아일랜드와 북부 스코틀랜드, 남서부 웨일즈에서는 [r] 발음을 합니다. 아일랜드 영어의 [r]은 미국 영어와 비슷하지만, 스코틀랜드와 웨일즈 영어의 [r]은 입천장을 한 번 툭 치고 내려오는 소리죠. 영화 〈브레이브 하트〉를 보면 이런 발음을 꽤 들을 수 있습니다.

이런 차이가 생긴 이유는 이들이 고대 켈트어가 남은 지역이기도 하고 영국 런던을 중심으로 한 남동부에서 [r] 발음이 탈락되는 변화가 시작되어 전파되는 과정에서 지역별로 차이가 생겼기 때문이기도 합니다. 미국은 이민자 가운데 영국 남동부가 아닌 다른 지역에서 온 사람들이 더 많았고, 이후 영국과는 교류가 단절되면서 r-있는 발음이 대부분의 지역에 자리 잡았어요. 반면 미국의 뉴잉글랜드, 뉴욕, 남부 세 지역은 r-없는 발음이 대세죠. 대체 왜 그럴까요? 바로 모음 뒤의 [r] 발음을 생략한 영국의 남동부와 계속해서 교류가 많았기 때문입니다.

보스턴은 학문적인 이유로, 뉴욕은 상업적인 이유로 영국의 r-없는 방언 지역과 교류가 이어졌습니다. 미국 최초의 대학인 '새로운 대학New College'(지금의 하버드 대학)이 1636년에 보스턴 강 건너편 케임브리지에 세워진 이래 초기에 설립된 대학들은 대부분 동부에 집중돼 있었죠. 이 대학들과 교류한 영국의 대학 도시(옥스퍼드와 케임브리지)는 런던에서 멀지 않은 r-없는 방언 지역에 속합니다. 미국 사람들은 지금도 "I parked my car in Harvard yard"라는 문장에서 [r] 발음을 일부러 생략해 말하면서 뉴잉글랜드 지역 사람들의 r-없는 발음을 놀리곤 합니다.

한편 뉴욕은 상업적인 이유로 런던과 교류했습니다. 역사적으로 유명한 타이태닉호가 빙하와 충돌한 것도 바로 런던에서 뉴욕을 향해 오던 항해 도중이었죠. 당시 이 배에는 새로운 삶을 찾아 미국으로 향하는 이민자들이 많이 타고 있었습니다. 물론 아주 영향력 있고 부유한 사람들도 많았어요. 당대 최고이자 최신의 호화여객선이었으니까요. 비록 타이태닉호는 첫 항해가 마지막 항해가 되고 말았지만, 대서양을 사이에

영어는 대체 왜 그런가요

두고 런던과 뉴욕 사이에는 꾸준히 교류가 많았습니다. 하지만 세월이 흘러 1960년대 이후로는 뉴욕의 영어도 미국 표준영어처럼 [r] 발음을 하는 경우가 늘었으며, r-없는 발음은 뉴욕에서도 노동계층의 말로 인식되지요. 그렇다면 미국 남부의 영어는 어떻게 해서 영국의 r-없는 방언의 영향을 받은 것일까요? 영화 〈바람과 함께 사라지다〉를 보면 힌트를 얻을 수 있습니다.

[r], 바람과 함께 사라지다

본래 『바람과 함께 사라지다』는 미국의 남북전쟁을 배경으로 한 대하소설입니다. 나중에 여주인공 스칼릿 역의 비비안 리와 남주인공 레트 역의 클라크 게이블이 등장하는 영화로 더 유명해졌죠. 영화를 본 분들은 도입부의 요란한 파티 장면을 기억하실 거예요. 진짜 시작은 이 파티 전날 스칼릿의 집 앞 테라스 장면부터입니다.

남부의 명문 조지아 대학에서 공부를 게을리하다 쫓겨난 탈레턴 쌍둥이 형제가 스칼릿과 한가하게 담소를 즐기고 있습니다. 그네에 무심히 앉아 있던 그녀는 마음에 두었던 애슐리 윌크스가 다음날 파티에서 약혼 발표를 한다는 이야기를 듣고 깜짝 놀랍니다. 그녀는 파티에 가면 애슐리에게 먼저 고백하고 함께 사랑의 도피를 해야겠다는 야무진 계획을 세우지만, 막상 그의 정중한 거절로 무참하게 실패합니다. 게다가 이 장면을 레트에게 들키고 자포자기의 심정으로 다른 사람, 그것도 애슐리의 약혼녀인 멜라니의 오빠와 즉흥적으로 결혼을 결정해버리죠.

아일랜드 출신 아버지와 프랑스 출신 어머니 사이에서 태어난 스칼릿은 우아한 외모에 어울리지 않게 다혈질 성품의 소유자입니다. 반면 애슐리는 전형적인 모범생 스타일이죠. 어떻게 그녀는 자신과 그토록 다른 애슐리를 사랑하게 된 걸까요?

그들은 어린 시절부터 서로 알긴 했지만 식선적인 싱격의 스칼릿은 책에 파묻혀 얌전하기만 했던 애슐리에게 별 관심이 없었습니다. 하지만 이 파티가 있기 얼마 전, 영국 유학과 유럽 여행Grand Tour을 마치고 돌아온 애슐리의 이국적인 모습에 그녀는 그만 한눈에 반해버립니다. 영화에는 설명이 생략되었지만 소설을 읽으면 그 이유를 납득할 만합니다. 유럽 본토를 경험하고 훌쩍 성숙해진 그를 3년 만에 다시 만났을 때 얼마나 근사해 보였을지, 책을 읽으면서 저도 스칼릿에게 감정이입이 되더라고요.

이렇게 1800년대 미국 남부의 농장주들 사이에서는 유럽 귀족처럼 자제들을 영국에 유학 보내고 유럽으로 졸업여행을 보내는 것이 유행이었습니다. 그 결과 그들의 영어는 자연스럽게 영국 남동부의 r-없는 발음을 닮게 되었죠. 그 영어를 노예들도 따라하면서 이후 아프리카계 미국인들까지 모음 뒤에서 [r]을 발음하지 않게 된 것입니다. 이러한 발음의 특징은 소설에도 표현된 경우가 많고, 아프리카계 미국인들의 노래나 랩을 한 소절만 들어봐도 대번에 알 수 있습니다.

영어는 대체 왜 그런가요

이처럼 모음 뒤에 오는 [r] 발음은 영어를 두 종류로 나눕니다. 영국의 남동부, 호주와 뉴질랜드, 미국의 뉴잉글랜드와 뉴욕 그리고 남부 방언을 비롯한 아프리카계 미국인들의 일상어는 r-없는 방언이죠. 한편 미국 대부분의 지역이나 캐나다, 아일랜드의 영어는 r-있는 방언이라고 할 수 있습니다. 물론 이것도 대략적 구분일 뿐, 각 지역사회 내부의 소규모 집단이나 개인에 따라 다르게 발음하는 경우도 많습니다.

'빠다 바른' 발음에 얽힌 이야기를 하다 보니, 우리는 선택을 하는 줄도 모르고 무의식중에 선택을 하며 산다는 생각이 듭니다. 태어나고 싶은 곳에 태어난 것이 아니듯, 어떤 언어를 어떻게 사용할지 여부는 자신이 속한 사회와 무관할 수 없는 법이죠. 다른 발음은 어떨지 몰라도 영어를 배우는 사람에게 모음 뒤에 나오는 [r]을 어떻게 발음할지는 선택의 문제입니다. 중간이 없기 때문입니다. 여러분은 이미 어떤 선택을 하셨을 테지요? 그것은 '빠다 바른' 발음인가요?

지역, 민족, 그리고 계층이 빚어낸
영어의 다양성

디즈니 애니메이션 〈라이언킹〉을 보셨나요? 악당 스카는 영국식 영어를 사용하고, 하이에나 떼는 아프리카계 미국인의 일상어와 히스패닉 영어를 사용한다는 걸 알아채셨는지요? 인기를 모았던 미국 드라마 〈왕좌의 게임〉에서도 다양한 영어를 통해 각 종족과 계층의 차이가 드러납니다. 가장 문명이 앞선 왕국의 상위층은 영국 귀족의 영어를 사용하고, 각 대륙에서는 스페인·이탈리아·아라비아 지역의 언어와 섞인 영어를 사용하지요. 북부 지역 야만족의 언어는 북유럽과 스코틀랜드 영어의 특징을 지닌 것으로 보입니다.

영어의 실상은 매우 다채롭습니다. 때로는 '과연 이게 영어일까?' 싶을 정도로 알아듣기 어려운 경우도 있죠. 소리의 차이뿐만 아니라 단어와 문장 구조의 차이까지 그 모습도 다양하게 나타납니다. 이처럼 다양한 영어가 만들어진 이유 역시 다양하지요. 지역과 민족 그리고 계층에 따라, 더 세밀하게는 성별과 연령 그리고 상황에 따라 차이가 생겨나고 확산되고 굳어집니다.

전 세계에 걸친 지역 방언

가장 분명한 원인은 지역에 따른 차이입니다. 어느 언어든지 지역에 따라 방언이 발달하기 마련이지만 특히 영어는 국제적으로 변이형이 많습니다. 1584년 영국이 미국 노스캐롤라이나주 해안 로애녹을 필두로 식민지 건설에 나선 이래, 영어는 브리튼섬을 벗어나 전 세계에 걸쳐 차이가 생겨나고 달라집니다.

미국, 캐나다, 남아프리카공화국, 호주, 뉴질랜드, 피지, 싱가포르, 인도, 필리핀에서 사용되는 영어는 국가와 대륙을 넘나드는 지역적 변이형입니다. 물론 같은 나라 안에서도 험준한 지형 등의 이유로 지역 간에 방언 차이가 생깁니다. 그 차이는 역사가 깊을수록 심해지죠. 언어 분화에는 공간의 차이뿐 아니라 시간이라는 요소가 작용하기 때문입니다. 그런데 영국만 보아도 언어의 변화는 단지 지역뿐 아니라 민족과 같은 다른 요소들이 함께 작용합니다.

그리 넓지 않은 영국에서 방언의 차이가 큰 이유가 단지 지역 탓만은 아닙니다. 본래 다른 민족이었고 다른 언어를 사용한 전통이 있는 사람들이 영어를 사용하게 되었기 때문이죠. 영국 서부의 웨일즈식 영어, 북부의 스코틀랜드식 영어, 해협 건너편 아일랜드식 영어가 그런 예들입니다. 웰쉬어, 스코티쉬 게일어, 아이리쉬 게일어 등 오래전부터 영국 섬에 살던 켈트족의 언어에 대해서는 앞서 영어의 역사를 다룰 때 이야기한 바 있습니다. 켈트족의 언어 자체는 사라지거나 간신히 명맥을 유지하는 정도이지만, 후손들의 영어에는 깊은 영향을 준 것입니다.

미국 영어도 지역에 따라 다르지만 역사가 길지 않아 영국만큼 그 차이가 크지는 않습니다. 미국의 영어는 1800년대에 이민자가 급격히 늘어난 아일랜드와 스코틀랜드 지역의 영어에 영향을 많이 받았습니다. 하지만 미국은 태생부터 여러 민족이 모여 만든 다민족 국가라서 민족

영어는 대체 왜 그런가요

에 따른 방언의 차이가 있죠.

미국의 민족 방언 가운데 가장 특징적인 것은 아프리카계 미국인, 즉 미국 흑인들의 영어입니다. 이 영어는 미국 남부 방언과 상당히 유사하지만 지역 방언으로 볼 수 없는 특이한 형태들이 많습니다. 전국적으로 흑인들이 사용하는 영어에는 지역과 상관없이 유사점이 큽니다. 이 유형에 대해 좀 더 살펴볼까요?

고통 받은 영혼이 담긴 말

미국에 사는 아프리카계 후손들은 유럽에서 이주해 온 미국인들과는 상당히 다른 영어를 사용합니다. 이들이 사용하는 영어가 대부분 비슷한 것으로 미루어 보아, 지역이나 사회 계층에 영향을 받은 결과라기보다는 민족 방언에 해당하는 것으로 보입니다. 그들의 역사를 살펴보면 그 이유를 알 수 있죠.

미국의 흑인 작가 알렉스 헤일리의 『뿌리Roots』(1976)라는 소설은 드라마로도 만들어져 큰 반향을 불러일으킨 적이 있습니다. 저는 어린 시절 우연히 이 드라마의 첫 회를 보았는데, 그때의 충격을 잊을 수가 없어요. 아프리카 서부에서 평화롭게 살아가던 한 종족의 왕자 쿤타 킨테는 사냥을 나갔다가 백인들의 그물에 포획됩니다. 그리고 쇠사슬에 묶인 채 노예선에 실려 미국으로 팔려가죠. 기가 센 그가 반항하자 농장주는 도끼로 그의 발등을 찍어버립니다. 아프리카계 미국인들은 유럽인들이나 아시아인들처럼 신대륙에 '자유를 찾아' 혹은 '잘살아 보려고' 자유의지로 건너간 것이 아닙니다. 그들은 짐승처럼 사냥 당했고 노예가 되어 슬픈 세월을 견뎌야 했습니다.

남북전쟁 이후 노예제도가 폐지되었어도 흑인에 대한 차별은 크게 바뀌지 않았습니다. 흑인 인권운동이 일어나고 법적으로 평등을 이루기까지도 오랜 세월이 필요했고요. 지금도 같은 도시나 마을 내에서도 사는 동네가 나뉘어 있고, 일상생활에서 지속되는 법 집행 문제 등 크고 작은 마찰이 아주 많습니다. 흑인들은 아프리카의 여러 지역과 종족에서 왔고 영어를 체계적으로 배운 것이 아니었기 때문에 독특한 양상을 띠게 됩니다. 조금 후에 설명하는 크리올Creole의 요소죠. 이들은 노예 사냥꾼에게 잡힌 후에는 두 번 다시 자신의 모국어를 사용할 수 없었던 셈이니까요. 그들의 일상어가 일반적인 영어와 달라진 이유가 짐작이 가고도 남지요?

다음 표에 아프리카계 미국인들의 일상 영어African American Vernacular English의 문장 구조상의 특징을 나타내보았습니다. 표를 보시면 연결동사로 쓰인 be동사를 빼는 등 상당한 규칙성이 있는데, 이에 따라 간단한 문장도 표준 영어와 차이가 크다는 것을 알 수 있습니다.

이렇게 큰 차이 때문에 1996년에는 캘리포니아 오클랜드의 교육위원회가 언어학자들의 의견을 받아들여 아프리카계 미국인의 일상어를 제2언어, 즉 외국어처럼 취급하면서 학생들에게 표준영어를 체계적으

아프리카계 미국인 일상 영어의 특징	
연결동사인 be동사를 빼는 경우 (표준영어에서 축약 가능한 경우)	She nice. (< She's nice. < She is nice.)
상습적(habitual) be	The coffee be cold at the store. (=The coffee is always cold at the store.)
강세가 있는(stressed) bin	She bin married. (= She's been married for a long time.)
완료상의(perfective) done 등 특징적인 상(aspect) 체계를 사용	She done using it. (=She has finished using it.)

로 가르쳐야 한다고 결정한 일이 있었습니다. 그러자 흑인들이 이에 반대하여 국회 청문회가 열리는 등 이른바 '흑인 영어(에 대한) 논쟁Ebonics Controversy'이 일어나기도 했지요. 자신들만의 언어가 곧 아프리카계 미국인의 정체성임을 인정하면서도 문제를 깊이 있게 이해하거나 해소 방안을 인정하지는 못한 사건이라고 볼 수 있습니다.

아프리카계 외에 중남미에서 이주해 온 사람들, 즉 히스패닉Hispanic이 사용하는 영어도 민족 방언입니다. 미국이 영국으로부터 독립한 후 캘리포니아, 루이지애나, 플로리다를 합병할 당시, 이 지역에 이미 그들을 지배했던 스페인 사람들의 언어를 사용하는 중남미 사람들이 살고 있었습니다. 라티노Latino라고 불리던 그들이 사용한 히스패닉 영어는 이후 더 많은 중남미 사람들이 미국으로 대거 이주하면서 빠르게 성장했지요. 2020년 인구조사에 따르면 이들이 미국 전체 인구의 21.1%에 달해서 12.1%인 아프리카계 인구를 넘어섰습니다.

히스패닉 영어는 모음의 수가 적은 스페인어 발음의 특징이 반영되고 /s/로 음절을 시작하지 않는 스페인어의 음절 구조 때문에 school을 eschool처럼 발음하는 등의 특징이 있습니다. 게다가 barely를 just 대신 사용하는 등 특이한 단어들도 사용합니다. 문장 구조 전반에도 스페인어의 영향이 있으며, 단어는 물론 구절과 문장에 스페인어와 영어를 뒤섞어서 말하는 코드 전환code switching이 많다는 특징이 있지요.

그밖에도 유럽에서 이주해 왔지만 자신들의 문화를 고집하는 유태인이나 이탈리아인의 영어도 민족 방언에 해당합니다. 뉴욕이나 시카고의 유태인들, 뉴욕이나 보스턴의 이탈리아인들은 모여 살기도 하고 독특한 발음과 특징적인 단어를 사용하기 때문에 쉽게 구분할 수 있습니다.

피진, 크리올이 된 영어

지역과 민족에 이어 영어 다양성의 원인으로 꼽을 만한 것은 다른 언어와의 혼합입니다. 영어가 다른 언어와 섞여 영어라고 보기 어려울 정도로 달라지는 경우이지요. 주로 토착 언어의 구조를 기초로 영어 단어를 사용하는 경우인데, 단기간의 소통을 위한 교역어인 링구아 프랑카lingua franca나 혼합어인 피진pidgin이 대표적인 예라고 볼 수 있습니다. 피진은 영어 단어 business를 중국식으로 발음한 데서 유래한 말로, 장사하는 사람들 사이에서 사용되던 언어를 의미했습니다. 하와이 등 폴리네시아의 피진들이나 파푸아 뉴기니의 톡피신Tok Pisin(Talk Pidgin에서 유래) 같은 언어들은 토착어 구조에 영어 단어를 활용한 원조 비즈니스 잉글리쉬였던 셈이죠.

피진은 하나의 언어에 기반을 두고 다른 언어를 섞어 쓰는 1세대 언어라서 사라지는 경우도 많습니다. 그런데 이것을 모국어로 사용하는 아이들, 즉 2세대가 생겨 언어가 뿌리를 내리고 본격적인 모습을 갖추면 크리올(혹은 크레올)이 됩니다. 어린아이들이 모국어로 사용하게 되면서 내용적으로 더 발달한 톡피신이 대표적인 경우입니다. 이 상황을 "언어가 모국어 화자를 얻는다"고 표현하기도 하죠.

주로 식민지 시대에 토착어와 제국주의자들의 언어가 섞여서 영어와 프랑스어 등을 기초로 하는 크리올 언어가 많이 생겨났습니다. 크리올은 영어 화자가 알아듣기 어려울 정도로 영어의 일부분만이 사용됩니다. 이를테면 mi가 I, me, my 모두를 대신하는 1인칭 대명사 하나로 쓰이고, dem이 3인칭 복수형 they, them, their에 모두 쓰이는 식이죠.

다른 언어와 뒤섞인 또 다른 예로는 싱가포르의 싱글리쉬Singlish와 뉴질랜드 원주민 마오리족의 영어Maori English가 있습니다. 이들은 크리올이라고 하지는 않습니다. 분명히 영어인데 각각 중국어와 말레이시아어(싱글리쉬의 경우), 마오리어(마오리 영어의 경우)의 억양, 발음, 단어, 문장 구조가 상당히 섞여서 알아듣기 힘든 편이죠. 필리핀이나 홍콩, 인도의 영어에도 그런 특징이 있지만 싱가포르 영어에 비하면 훨씬 알아듣기 쉬운 편입니다. 다음 예를 보세요. 아주 흥미롭죠? 저는 디즈니 애니메이션 〈겨울왕국〉의 한 장면을 싱글리쉬로 더빙한 것을 본 적이 있는데, 가끔 영어 단어가 나오나 싶게 알아듣기가 힘들었습니다.

이렇게 세계로 진출한 영어가 얼마나 다른 모습을 갖게 되었는지를 생각하면 오늘날 영어라는 언어를 동질성을 가진 하나의 언어로 간주하기 어렵다는 생각이 들 정도입니다. 우리도 예외가 아니라서 한국에서만 사용되는 영어도 꽤 있죠. 핸드폰, 콘센트 같은 단어는 영국이나 미국 사람들이 알아듣기 어렵다고 합니다. 즉 영어는 국제화globalization와 동시에 국지화localization되고 있는 것이죠. 오늘날 학자들은 글로칼리제이션glocalization(국제적인 것의 현지화)이라는 신조어로 이 두 과정을 함축해 표현하고 있습니다.

싱글리쉬의 특징	
중국어의 종결어미 사용	Ok-lah! (Ok + 중국어 종결어미 lah)
중국이나 말레이시아어 단어 사용	Did you makan? Let's go makan! 밥 먹었니? 밥 먹으러 가자. (makan은 '먹다'라는 의미의 말레이시아어 단어)
중국어의 어순이나 문장 형식 사용	Now what time? 지금 몇 시야?(중국어 어순으로 말한 것) Can or not? 할 수 있어, 없어?(중국어 문장형)
영어의 문법적인 형태소 생략	He play tennis also very good one leh. 그는 테니스를 잘 친다.(3인칭 단수의 -s 생략, 중국식 종결 어미 leh 사용) Today, don't need to bring book. 오늘 책 가져올 필요 없어.(주어와 관사 생략)

계층에 따라 차이 나는 영어

같은 지역 내, 같은 민족 내에서도 상당히 다른 영어를 사용하는 경우가 있습니다. 바로 사회계층에 따른 분화 때문입니다. 그 가장 특징적인 형태가 영국의 최상위층이 사용하는 RP(Received Pronunciation)인데요, 궁중에서 작위를 받듯이 왕에게 수여받은(혹은 용인된) 발음이라는 의미입니다. 사람들이 '진짜 폼난다'(Real Posh)의 약어라고 농담을 하기도 하는데 실제로 posh accent(폼나는 발음)라고 부르기도 합니다.

이는 초등학교 고학년쯤부터 기숙사 생활을 하는 영국 상위층의 교육 전통과 관계가 있습니다. 전국에서 유명 학교(영국에서는 이 사립학교들을 public school이라고 부르죠)로 진학한 상류층의 자녀들은 처음에는 자신들 지역색이 섞인 사투리를 쓰지만, 이내 RP를 익히게 됩니다. 그래서 영국의 영어는 하위층에서는 지역 방언의 색채가 강하고 상위층에서는 그 차이가 줄어듭니다. 즉 RP가 지역 방언의 흔적을 가려버리는 셈이죠.

또 하나 주목할 만한 흥미로운 사실이 있습니다. 영국의 수도 런던과 미국의 최대 도시 뉴욕의 방언은 모두 하위 노동계층이 사용하는 계층 방언으로 낙인이 찍힌 말이라는 점이죠. 각기 코크니Cockney, 뉴욕토박이영어New York English라고 부릅니다. 언뜻 이해하기 어렵죠? 우리에게는 수도 서울의 말이 곧 표준어이고 꼭 표준이 아닐지라도 권위 있고 고급스러운 말이라 믿고 있으니까요.

영화 〈마이 페어 레이디〉를 보면 극장 앞에서 꽃을 파는 아가씨 일라이자가 귀족이며 음성학자인 히긴스 박사를 찾아옵니다. 극장 앞에서 만났던 박사가 일라이자에게 그녀의 영어가 귀족들이 사용하는 언어와 아주 다르다고 지적했기 때문에, 상류층의 말을 배워 꽃집을 경영하겠다며 온 것이죠. 하긴스 박사는 [h] 발음을 하지 못하는 그녀를 훈련시키기 위해, 가스램프에 연결한 관을 불어 [h] 소리를 내서(즉 후후 불어서) 불꽃이 커지게 만들라고 시킵니다. 하마터면 불이 날 뻔하죠. 그리고 이중모음에 가까운 긴장모음 '에이'[e](약간 이중모음화한 [ey]라고 볼 수 있음)를 일라이자가 자꾸 '아이'[ay]로 발음하는 버릇을 고치기 위해 "The rain in Spain mainly stays in the plain"이라는 문장을 반복하게 합니다. 결국 일라이자는 RP를 구사하는 데 성공하고 발음이 달라진 그녀는 귀족들에게 공주 대우를 받지요.

그런데 하층민의 말로 낙인이 찍힌 사회적 방언들이 사라지지 않고 유지되는 것은 구성원들 사이의 결속을 다지고 친밀감을 주는 등 나름대로 가치가 있기 때문입니다. 이를 표준어가 지니는 권위, 즉 드러난 위세에 비교해서 일상어가 가진 '숨겨진 위세'라고 표현합니다. 즉 모든 종류의 언어는 다 나름의 가치가 있다는 의미로 해석할 수 있겠습니다.

왜 영어의 다양성을 이해해야 할까?

표준영어를 익히기도 바쁜데 왜 다양한 영어를 이해해야 할까요?

영어는 대체 왜 그런가요

이 책 첫머리에서 이야기했듯이 영어는 이제 영국이나 미국만의 언어가 아닌 세계의 언어이기 때문입니다. 언젠가 제 친구는 비즈니스 파트너가 schedule을 영국식인 '셰줄'로 발음하는 통에 무슨 뜻인지 몰라 당황한 적이 있다고 했습니다. 여행길에서 dollar를 '달러'가 아닌 '돌라'라고 발음하는 것을 듣고 '그게 뭐지, 한국말인가?' 했다는 분도 있고, hot을 '핫'이 아닌 '홋'으로 발음해서 못 알아들었다는 분도 보았습니다. 호주에 다녀온 친구는 TV에서 비 내리는 장면을 보여주며 '세븐 다이즈'라고 설명을 하기에 홍수로 일곱 명이 죽은 줄 알았는데, 나중에 알고 보니 7일간 (seven days) 비가 내린다는 예보였다고 하더군요. 미국을 관광하던 호주인에게 미국에 언제 왔냐고 물었더니 "투다이(today)"라고 답해서 모두 죽으려고(to die) 왔다는 줄 알고 깜짝 놀랐다는 농담도 있습니다. 호주 영어는 런던의 코크니 방언과 유사한 점이 많습니다. 그 이유는 18세기 말 영국의 죄수들을 호주로 추방시킨 일과 관련되어 있다고 봅니다.

다양한 영어의 모습을 이해하고 받아들이는 일은 이제 선택이 아닌 필수라 할 만합니다. 영어의 방언을 한국어의 경상도 사투리와 전라도 사투리의 차이 정도로 받아들이면, 어떤 영어 방언을 만나도 당황하거나 좌절하지 않고 소통할 수 있는 용기를 낼 수 있지 않을까요?

소통 못지않게 중요한 점은, 세계의 영어를 접할 때 다양한 영어와 결합한 편견을 이해하는 일입니다. 이 장의 첫머리에서 언급한 작품들을 생각해보죠. 〈라이언킹〉의 악당 하이에나 떼가 사용하는 아프리카계 미국인의 일상어와 히스패닉 영어는 이들에 대한 편견을 강화하는 역할을 할 수도 있겠지요? 우리는 알게 모르게 이런 편견을 내면화하고 있을 가능성이 큽니다. 인간이 사용하는 모든 언어는 나름의 체계와 고유한 가치를 갖고 있습니다. 물론 언어에 대한 평가도 엄연히 존재합니다. 하지만 그것은 사실 그 언어를 사용하는 사람에 대한 평가죠. 우리가 다양한 영어의 존재 의미를 이해하고 편견으로부터 자유로워질 때, 누구나 진정으로 당당하게 자신의 영어를 사용할 수 있을 것입니다.

"당신의 영어를 응원합니다."

어느 날 직장에 다니는 졸업생 한 명이 찾아왔습니다. 승진을 했다기에 축하 인사를 건네고 이런저런 이야기를 나누는데, 입사 초기에 실수한 이야기를 들려주더군요. 당시 외국인 고객과 이메일을 주고받았는데, 상대방이 하도 재촉을 해서 답신 말미에 이렇게 썼다네요.

Please trust me. I am hardly working on it.

제발 저를 믿어주세요. 저는 그 일을 거의 하지 않고 있습니다.

아뿔싸! 본인은 "열심히 일하고 있다"는 문장을 쓰려고 했겠지요? 하지만 그가 적은 문장은 전혀 다른 의미였던 거죠. 피곤해 녹초가 된

탓이었는지 'work hard'(열심히 일하다)와 'hardly work'(거의 일하지 않는다)의 차이를 순간 잊었나 봅니다. 다행히도 전송 버튼을 누르기 전에 업무를 함께하던 동료가 보고 "진짜 보낼 건 아니지? 너무 화가 나서 그렇게 쓴 거야?" 하고 지적해준 덕분에 고칠 수 있었다고 해요. 고객에게 전달되지는 않았지만 '대체 어쩌다 그런 실수를 했을까' 곱씹으며 한동안 많이 속상했다고 하더군요.

다행히 이 졸업생은 그 일을 계기로 비즈니스 영어에 몰두했고, 영어로 인해 난처한 상황에 빠지는 일은 없었다고 합니다. 요즘에는 영어를 모국어처럼 완벽하게 구사하지는 못하더라도 비영어권에 사는 사람들과의 소통에서는 결코 뒤지지 않는다며 크게 웃더군요.

마지막으로 여러분께 드리고 싶은 이야기는 바로 이것입니다. 영어가 국제 통용어라는 배경을 이해하고 마음을 편히 갖자는 것이죠. 그리고 '자잘한 실수는 영어가 나의 모국어가 아니니까 당연히 일어날 수 있는 일'이라고 여기는 담대한 마음도 함께 말이지요.

완벽하지 않아도 괜찮습니다. 아니, 완벽하지 않은 것이 당연합니다. 말로든 글로든 영어는 수단이지 목적이 아니기 때문입니다. 영어는 더 이상 나를 성적순으로 줄 세우거나 입학과 취업에 장애가 되는 위협적인 존재가 아닙니다. 내 손에 쥔 소통의 도구일 뿐입니다. 그러니 이제부터는 언제 어디서 영어를 사용하게 되더라도 국제 통용어를 쓴다는 당당한 태도를 가져야 합니다. 미국식 관용구나 영국 상류층의 발음을 몰라도 얼마든지 자유롭고 당당하게 영어를 사용할 권리가 우리에게도

영어는 대체 왜 그런가요

있기 때문입니다.

다 알아도 때로는 용기가 필요하지요? 저에게 용기가 필요할 때 떠올리곤 했던 괴테의 말을 전해드리며 영어에 대한 저의 긴 이야기를 마무리하겠습니다.

Whatever you can do, or dream you can, begin it.

Boldness has genius, power and magic in it!

당신이 할 수 있는 것이나 꿈꾸는 것이 무엇이든, 그것을 바로 시작하세요.
대담함 속에는 천재성과 거대한 힘과 마법이 담겨 있답니다.

여러분의 영어를 응원합니다!

Thank you

이 책이 나오기까지 도움을 주신 고마운 분들에 대한 감사의 인사를 이곳에 적습니다.

초고를 읽고 조언을 아끼지 않으신 스승 김영석 명예교수님, 해당 분야에 대한 저의 질문에 흔쾌히 응해주신 학회 선배 박정운·김진형·전종호 교수님, 같은 학교 동료 김태원·이요안·김영주·유원호·조혜연·Michael Barrie 교수님, 그리고 원고를 읽고 의견을 전해준 제자 박재영 교수·성문현 교관·이예지 학생께 감사드립니다. 하지만 이 책에 오류와 부실이 있다면 그것은 당연히 저의 책임입니다.

수업 시간에 영어에 대한 이야기를 함께 나눈 저의 학생들과 사회인이 된 후의 경험담을 들려준 졸업생 제자들에게 감사합니다. 그들의 이야기가 이 책의 받침돌과 기둥이 되었으며 언제나 저에게 힘을 주었습니다.

언어학 교재에 가까웠던 원고를 널리 읽을 수 있는 책으로 만들자고 권하며 응원해주신 사회평론의 윤철호 대표님을 비롯한 출판 편집 관계자 분들께도 감사를 전합니다. 특히 복잡한 원고를 알뜰히 다듬어주신 이유나 편집위원에게 고맙다는 인사를 드립니다.

끝으로, 일하는 아내를 세심하게 배려해주는 남편과 제게 언어에 대한 영감을 수시로 꺾꽂이 해주는 세 아이들, 특히 촉박한 시간 내에 그려낸 삽화로 책을 예쁘게 꾸며준 딸에게 고마운 마음을 전합니다.

참고문헌

김동섭, 『영국에 영어는 없었다』, 책미래, 2016년.

김영석, 『영어 음성학-음운론』, 종합출판EnG, 2008년.

김태영, 『영어 교육을 알면 영어가 보인다』, 글로벌컨텐츠, 2016년.

롬브 커토(지음). 신견식(옮김), 『언어 공부』, 바다출판사, 2017년.

마크 피터센(지음). 이은정(옮김), 『일본인의 영어』, 스톤스프, 2013년.

사사키 겐이치(지음). 송태욱(옮김), 『새로운 단어를 찾습니다』, 뮤진트리, 2019년.

장영준, 『언어의 비밀』(3편), 한국문화사, 2000년.

찰스 디킨스(지음). 최석진(옮김), 『영국인 이야기』, 시와 진실, 2012년.

최은경, 『세계 영어들의 정체성: 그 신화와 실제』, 한국문화사, 2000년.

홍영예, 윤영은, 백미현, 오은진, 채서영, 이화연, 『영어학의 이해』, 한국문화사, 2011년.

Algeo, John and Thomas Pyles. 2004. *The Origins and Development of the English Language* (5th Edition). Thomson Wadsworth.

Bauer, Laurie and P. Trudgill (Eds.). 1999. *Language Myths*. Penguin Books.

Berry, Roger. 1993. *English Guides 3: Articles*. Harper Collins Publishers.

Celce-Murcia, Maria and D. Larsen-Freeman. 1999. *The Grammar Book* (2nd Edition). Heinle and Heinle.

Chomsky, Noam. 1965. *Aspects of the Theory of Syntax*. The MIT Press.

Crystal, David. 2004. *The Stories of English*. Penguin.

DeKeyser, Robert. 2003. "Implicit and explicit learning." In C. Doughty and M. H. Long (Eds.) *The Handbook of Second Language Acquisition*. Blackwell.

Downs, William. 1998. *Language and Society* (2nd Edition). Cambridge University Press.

Fromkin, Victoria, R. Rodman, and N. Hyams. 2014. *An Introduction to Language*. (10th Edition). Wadsworth.

Holmes, Janet and N. Wilson. 2017. *An Introduction to Sociolinguistics*. (5th Edition). Routledge.

Jenkins, Jennifer. 2003. *World Englishes*. Routledge.

Krahsen, Stephen D. 1982. *Principles and Practice in Second Language Acquisition*. Pergamon Press.

Lakoff, Robin. 1973. *Language and Woman's Place*. Harper and Row.

Lakoff, Robin. 2004. *Language and Woman's Place* (Revised and Expanded Edition). Oxford University Press.

McCrum, Robert, R. MacNeil, and W. Cran. 2002. *The Story of English* (3rd Edition). Penguin Books.

Meyerhoff, Miriam. 2006. *Introducing Sociolinguistics*. Routledge.

Napoli, Donna Jo. *Language Matters.* 2003. Oxford University Press.

Ouhalla, Jamal. 1999. *Introducing Transformational Grammar* (2nd Edition). Arnold Publishers.

Pennebaker, James W. *The Secret Life of Pronouns.* 2011. Bloomsbury Press.

Pinker, Steven. 1994. *Language Instinct.* Harper Collins Publisher.

Riemsdijk, Henk van and E. Williams. 1986. *Introduction to the Theory of Grammar.* The MIT Press.

Strunk, William and E. B. White. 2011. *The Elements of Style* (4th edition). Longman.

Tottie, Gunnel. *An Introduction to American English.* 2002. Blackwell Publishing.

Trudgill, Peter, and J. K. Chambers. *Dialects of English.* 1995. Longman.

Whorf, Benjamin Lee. (Edited by Carroll, John B., Stephen C. Levinson, and Penny Lee) 2012. *Language, Thought, and Reality* (2nd Edition). The MIT Press.

The Oxford English Dictionary.

The Online Etymology Dictionary.

https://www.theguardian.com/education/gallery/2015/jan/23/a-language-family-tree-in-pictures (235쪽 언어 계보 그림language family tree은 미나 선드버그Minna Sundberg의 일러스트레이션을 바탕으로 재구성하였습니다.)

영어는 대체 왜 그런가요

2021년 4월 10일 초판 1쇄 펴냄
2023년 3월 30일 초판 8쇄 펴냄

지은이   채서영

대표   윤철호
편집   석현혜 장윤혁 이희원
마케팅   정하연 김현주
제작   나연희 주광근

디자인   Kafieldesign
일러스트   최원정
인쇄   영신사

펴낸이   윤철호
펴낸곳   (주)사회평론
등록번호   10-876호(1993년 10월 6일)
전화   02-326-1182(마케팅), 02-326-1543(편집)
주소   서울시 마포구 월드컵북로6길 56 사평빌딩
이메일   editor@sapyoung.com

ⓒ 채서영

ISBN 979-11-6273-164-2 03740

책값은 뒤표지에 있습니다.